Stanley M. Burstein
Antike global

Stanley M. Burstein (*1941) ist em. Professor für Alte Geschichte an der California State University in Los Angeles und einer der bedeutendsten Althistoriker seiner Generation. Mehrere seiner Bücher sind Standardwerke für das Studium in den USA. Seine Universität hat ihn mehrfach ausgezeichnet, so mit dem »Outstanding Professor Award«, dem »Distinguished Professor Award« und dem »Excellence Award«. Das vorliegende Buch bietet die Summe seiner Erfahrungen in der Erforschung der antiken Globalgeschichte.

Stanley M. Burstein

Antike global

Die Welt von 1000 v. Chr. bis 300 n. Chr.

übersetzt von Kai Brodersen

Die englische Originalausgabe ist 2017 bei Oxford University Press (Great Clarendon Street Oxford OX2 6DP, England) unter dem Titel *The World from 1000 BCE to 300 CE* erschienen.

Die Deutsche Nationalbibliothek verzeichnet diese Publikation in der Deutschen Nationalbibliografie; detaillierte bibliografische Daten sind im Internet über www.dnb.de abrufbar.

wbg THEISS ist ein Imprint der wbg.

Die Herausgabe des Werkes wurde durch die Vereinsmitglieder der wbg ermöglicht.
Gestaltung und Satz: Arnold & Domnick, Leipzig
Umschlagmotive: Ptolemäische Weltkarte basierend auf Beschreibungen und Koordinaten von Claudius Ptolemäus, Holzstich mit späterer Kolorierung, 1545; akg-images
Umschlaggestaltung: www.martinveicht.de

Gedruckt auf säurefreiem und alterungsbeständigem Papier
Printed in Germany

Besuchen Sie uns im Internet: **www.wbg-wissenverbindet.de**

ISBN 978-3-8062-4448-9

Elektronisch sind folgende Ausgaben erhältlich:
eBook (PDF): ISBN 978-3-8062-4454-0
eBook (epub): ISBN 978-3-8062-4455-7

Inhalt

Vorwort

Für meine Lehrer, die mir gezeigt haben, wie man es macht.

Einem bekannten Klischee zufolge steht, wer Geschichte schreibt, auf den Schultern der Vorgänger. Das gilt besonders für das Schreiben dieses Buches, welches das Ergebnis von mehr als einem halben Jahrhundert Studieren, Lehren und Schreiben zur Alten Geschichte ist. Praktisch jeder Satz spiegelt diese Erfahrung wider. Besonderen Dank schulde ich jedoch jenen Personen, die großzügig ihre Zeit geopfert haben, um mein Manuskript zu lesen und zu kommentieren. Dazu gehören Ping Yao und Choi Chatterjee, meine Kollegen an der California State University, außerdem Frank L. Holt von der University of Houston und Caleb Finch von der University of Southern California sowie D. Brendan Nagle und Robert W. Strayer von der University of Southern California bzw. der State University of New York at Brockport. Schließlich möchte ich auch Nancy Toff, Alexandra Dauler, Elda Granata und ihren Mitarbeitern bei Oxford University Press sowie den Herausgebern der New Oxford World History, Bonnie Smith und Anand Yang, für ihre Ermutigung und Unterstützung danken.

Dass das Buch auf Deutsch erscheint, wird einer Initiative von Kai Brodersen, Universität Erfurt, und Raimund Schulz, Universität Bielefeld, sowie im Verlag der wbg in Darmstadt dem Engagement von Daniel Zimmermann verdankt. Kai Brodersen danke ich zudem für die Übersetzung und für die Bearbeitung: Er hat auch die Quellenzitate überprüft, nötigenfalls korrigiert und, wo immer möglich, publizierten deutschen Übertragungen entnommen, die im Anhang zusammengestellt sind und ein Weiterlesen ermöglichen.

Los Angeles, im Dezember 2021
Stanley M. Burstein

Einführung

In einer markanten Passage der *Kephalaia*, einer Sammlung von Aussagen des religiösen Führers Mani aus dem 3. Jahrhundert n. Chr., die irgendwann nach der Mitte jenes Jahrhunderts zusammengestellt wurde, behauptet Mani:

> Vier große Königreiche gibt es in der Welt. Das erste ist das Königreich des Landes Babylon und das der Persis. Das zweite ist das Königreich der Römer. Das dritte ist das Königreich der Aksumiten. Das vierte ist das Königreich von Silis (China). Diese vier großen Königreiche befinden sich auf der Welt. Nicht gibt es etwas, was sie übertrifft.
>
> Mani, *Kephalaia* 77, übers. Schmidt 1940, 188–189; vgl. Gardner 1995, 197

Mani beschreibt damit das Ergebnis eines revolutionären Wandels im politischen und kulturellen Leben Afro-Eurasiens. Im Jahr 1000 v. Chr. strukturierten zahlreiche regionale Staaten, sowohl kleine als auch große, das Leben der östlichen Hemisphäre. Bis 300 n. Chr. wurden sie jedoch weitgehend durch eine kleine Anzahl großer Reiche ersetzt, die kulturelle Traditionen bewahrten, welche auf kanonischen Texten beruhten; die jeweilige Kerngruppe autoritativer Werke bildete die Grundlage der Elitenbildung. Diese bemerkenswerte Transformation ist das Thema dieses Buches.

Die in diesem Buch dargestellte Geschichte beginnt kurz vor 1000 v. Chr. mit dem Zusammenbruch der regionalen Reiche, die den Nahen und Mittleren Osten und Ostasien während des 2. Jahrtausends v. Chr. beherrscht hatten, und mit dem Beginn einer Periode des intensiven Regionalismus, weit verbreiteter Bevölkerungsbewegungen und nahezu ständiger Kriege in ganz Afro-Eurasien. Fast gleichzeitig ermöglichte die Schaffung der ersten effektiven Reiterei der Welt durch die Nomaden der zentralasiatischen Steppe eine neue Form von Reich, nämlich Stammesbündnisse, die von charismatischen Führern geleitet wurden und riesige Territorien abdeckten. Die Interaktion zwischen den Imperien der Steppen und denen der gemäßigten Zonen war einer der Hauptantreiber der politischen, kulturellen und wirtschaftlichen Entwicklungen in Afro-Eurasien bis zur Entstehung der von Mani beschriebenen politischen Ordnung um 300 n. Chr. In diesem Prozess verschwand der Regionalismus, der das frühe 1. Jahrtausend v. Chr. charakterisiert hatte. An seiner statt herrschte vom Atlantik bis zum Pazifik eine Handvoll großer Reiche – Rom, das sasanidische Persien und das Jin-Reich in China – über mehr als die Hälfte der Bevölkerung Afro-Eurasiens.

Trotz ihrer individuellen Eigenheiten waren diese Reiche in ihren Grundstrukturen bemerkenswert ähnlich. Wirtschaftlich beruhten sie alle auf der Landwirtschaft, unterstützt durch umfangreiche Münzsysteme, Eisentechnologie und umfassende interne Verkehrssysteme: Straßen und Seewege im römischen Westen, Straßen in Persien und Straßen und Kanäle in China. Gesellschaftlich waren die Reiche deutlich komplexer als ihre Vorgänger im 2. Jahrtausend v. Chr. Sie waren gekennzeichnet durch eine zunehmende Urbanisierung, durch die Verbreitung neuer gesellschaftlicher und wirtschaftlicher Rollen, einschließlich professioneller Schriftsteller und Künstler sowie Philosophen und Wissenschaftler, durch eine begrenzte Befreiung von traditionellen Geschlechterrollen für eine Handvoll Frauen aus der Oberschicht – etwa die chinesische Historikerin Ban Zhao – und durch eine wachsende Bedeutung verschiedener Formen abhängiger und unfreier Arbeit. Staatlich gesehen waren alle Imperien autokratische Monarchien, deren Herrscher behaupteten, durch göttliches Recht zu regieren. Tatsächlich aber ruhte ihre Autorität auf der Unterstützung stehender Armeen und umfangreicher Bürokratien, die von Beamten besetzt waren, deren Ausbildung auf den jeweiligen kanonischen Texten beruhte.

Diese Imperien waren nicht voneinander isoliert. In den ersten Jahrhunderten n. Chr. machten die zunehmenden Verbindungen zwischen diesen Reichen diese Periode zur ersten globalen Ära der Welt. Handelsbeziehungen sowohl auf dem Landweg – etwa die zentralasiatischen Seidenstraßen – als auch auf dem Seeweg durch das Südchinesische Meer und den Indischen Ozean verbanden die großen afro-eurasischen Reiche miteinander und mit kleineren Staaten im südöstlichen und südlichen Teil Asiens, im südlichen Arabien, im Nordosten und Osten Afrikas sowie in der Sahara und der Sahelzone, also dem Gürtel aus trockenem Grasland unmittelbar südlich der Sahara. Dies hatte erhebliche kulturelle Auswirkungen: Asiatische Lebensmittel wie Zimt, Huhn, Pfeffer und Reis wurden zu Grundnahrungsmitteln im Nahen Osten und im Mittelmeerraum, Bananen aus Indonesien begannen das Leben bis weit ins Innere Afrikas zu verändern und mediterrane Glas- und Keramikwaren sowie Wein waren zunehmend in ganz Nordostafrika, Südarabien und Süd- und Südostasien begehrt.

Auch die Religionen folgten den Handelsrouten. Der Buddhismus etwa verbreitete sich von seiner indischen Heimat aus nach Norden, durch Zentralasien bis nach China und nach Süden und Osten bis nach Sri Lanka und Südostasien und traf dabei auf westliche religiöse Traditionen – Christen, Gnostiker und Zoroastrier – und deren künstlerische Formen. Aus dieser Begegnung entstanden sowohl eine neue Religion, der Manichäismus, der im Mittelalter eine lange Zukunft haben sollte, als auch neue Kunstrichungen wie die Gandhara-Schule, die griechisch-römische Formen als Vorbild für die figürliche Darstellung Buddhas in ganz Zentral- und Ostasien verwendete.

Gemeinsame Feinde und gemeinsame Probleme führten auch zu gemeinsamen Lösungen in ganz Afro-Eurasien. So führte etwa die Bedrohung, welche die Nomaden der eurasischen Steppe für die neuen Reiche in der gesamten Periode darstellten, zu einer ähnlichen Politik: eine Diplomatie des »teile und herrsche«, die Verwendung von Barrieren, um die Bewegung der Nomaden zu kontrollieren, und wachsendes Vertrauen auf Elite-Reitereieinheiten, um Nomadenüberfälle abzuwehren. Um ihre unterschiedlichen Bevölkerungen angesichts der Bedrohung durch die Steppennomaden zu vereinen, übernahmen die beiden exponiertesten Reiche, Rom und Persien, gleichzeitig das Modell der offiziellen Kirchen, die auf staatlich anerkannten Schriftkanons oder religiösen Lehren beruhten. Der erste sich zeigende Beleg dafür ist der Zoroastrismus im Persien des 3. Jahrhunderts n. Chr., ein Jahrhundert später dann das Christentum im Römischen Reich und bei seinen armenischen und aksumitischen Nachbarn. Trotz der vielen Krisen in der Mitte des 1. Jahrtausends n. Chr. blieben jedoch die Verbindungen bestehen, die während der 1300 in diesem Buch behandelten Jahre hergestellt wurden, und bildeten die Grundlage des gesellschaftlichen und wirtschaftlichen Lebens in einem großen Teil von Afro-Eurasien für das nächste Jahrtausend.

Die in diesem Buch behandelten Regionen bilden das, was griechische und römische Geographen die Oikumene, die bewohnte Welt, nannten. Dieselben Gelehrten erwogen jedoch auch, dass es neben der von ihnen und ihren Nachbarn bewohnten Oikumene noch andere gab, und sie hatten natürlich Recht. Bis ins frühe 4. Jahrhundert n. Chr. gab es immer noch große Regionen der Welt, die von diesen Entwicklungen kaum erfasst wurden oder völlig unberührt waren. Die wichtigsten unter diesen Regionen waren Afrika südlich der Sahara, die Amerikas und Ozeanien. Obwohl das Ausmaß ihrer Trennung vom Kern Afro-Eurasiens variierte, hatten sie alle eines gemeinsam: Sie gingen unabhängige Wege zu einer komplexen Gesellschaft.

Am nächsten zum Kern von Afro-Eurasien lag das subsaharische Afrika, wo während des 1. Jahrtausends v. Chr. und des 1. Jahrtausends n. Chr. eisenverarbeitende, gemischt-landwirtschaftliche Gesellschaften immer häufiger wurden. Städte, die Zentren des Handels waren, erschienen auch im Binnendelta des Niger-Flusses in Afrika. Es überrascht nicht, dass die Trennung der Zivilisationen des des subsaharischen Afrikas von denen des übrigen Afro-Eurasiens gegen Ende des 1. Jahrtausends v. Chr. mit der Ausweitung des Handels im Indischen Ozean auf die ostafrikanische Küste und der Öffnung der transsaharischen Handelsrouten in den ersten Jahrhunderten n. Chr. aufzubrechen begann. Die vollständige Integration von Afrika südlich der Sahara in die größere Welt von Afro-Eurasien sollte jedoch erst im späten 1. Jahrtausend n. Chr. und mit der Ausbreitung der neuen Zivilisation des Islam in die Sahelzone erfolgen.

Im Gegensatz dazu sollte die zivilisatorische Trennung der Amerikas von Afro-Eurasien mehr als ein weiteres Jahrtausend andauern. Trotz dieser Trennung verlief die Entwicklung in den Amerikas jedoch in vielerlei Hinsicht parallel zu der in Afro-Eurasien: Klimaverschlechterung und übermäßiger menschlicher Raubbau rotteten einen Großteil der Megafauna (Großtiere) der westlichen Hemisphäre nach dem Ende der Eiszeit vor etwas mehr als 10 000 Jahren aus, was die Ureinwohner der Amerikas dazu veranlasste, sich zunehmend auf andere Nahrungsquellen und schließlich auf die Landwirtschaft zu verlassen. Um 300 n. Chr. blühten sowohl in Nord- als auch in Südamerika bedeutende Königreiche auf, die sich durch weitreichende gesellschaftliche und religiöse Hierarchien auszeichneten; dazu gehörten die Olmeken und Maya in Meso-Amerika (von Mittelmexiko bis nach Mittelamerika) und die Moche an der Küste Perus. Komplexe Netzwerke von Handelsrouten verbanden diese Königreiche und brachten ihnen für religiöse und gesellschaftliche Rituale benötigte Luxusgüter wie Jade, Federn und Kakao und verbreiteten ihren Einfluss nach Norden in Richtung Südwesten und nach Osten in Richtung des Amazonasbeckens. Die daraus resultierenden kulturellen Traditionen sollten bis zu den spanischen Eroberungen des 16. Jahrhunderts andauern, welche die Trennung von Afro-Eurasien gewaltsam und katastrophal beendeten.

Die Trennung von den Zivilisationen Afro-Eurasiens sollte am längsten in Ozeanien im Südpazifik andauern. Siedler dieser Region waren die Vorfahren der heutigen Polynesier. Diese Völker zogen in die Inselwelt des Pazifischen Ozeans, wahrscheinlich aus einer Heimat irgendwo in Südostasien, und brachten eine auf Gartenbau beruhende Kultur mit, die man in der Archäologie als Lapita benennt, sowie eine bemerkenswerte Segeltechnologie, die auf einem Auslegerkanu beruht. In der Spätantike hatten sie Taiwan, die Philippinen und die anderen vorgelagerten Inseln Ostasiens besetzt und begonnen, in den Pazifik zu expandieren, wobei sie bis nach Samoa, Fidschi und Tonga vordrangen. Als europäische Seefahrer im 18. und 19. Jahrhundert n. Chr. vielfach auf sie stießen und begannen, ihre Kulturen zu stören, hatte ihre Expansion praktisch jede bewohnbare Insel und Inselgruppe im Pazifik erreicht, von Neuseeland im Süden bis zu den Osterinseln im Westen.

In einer Passage, die den Entdeckern und Kartographen im Europa der Renaissance wohlbekannt war, sagte der römische Philosoph und Dramatiker Seneca im 1. Jahrhundert n. Chr. voraus, dass eines Tages die ganze Welt bekannt werden würde:

> Kommen werden in späteren Zeiten Jahrhunderte, / in welchen Oceanus die Fesseln der Elemente / lockern und ein ungeheures Land sich ausbreiten / und Tethys neue Erdkreise bloßlegen / und unter den Ländern nicht mehr Thule das Äußerste sein wird.
>
> Seneca, *Medea* 375–379, übers. Thomann 1961, 267

Tethys war im griechischen Mythos die Tochter der Erde und die Schwester und Frau des Oceanus und die Mutter der Flüsse und der Meeresnymphen; Thule war das nördlichste Land, das den Griechen und Römern bekannt war, und ist vielleicht mit Skandinavien oder Island zu identifizieren. Erst mit den Reisen von Columbus und seinen Nachfolgern im 15. und 16. Jahrhundert n. Chr. sollte sich Senecas Prophezeiung erfüllen und die Globalisierung auf die gesamte Welt ausdehnen. Bis dahin blieben die Grenzen der bekannten Welt weitgehend so, wie sie im Jahr 300 n. Chr. waren, und es war für die Menschen in ganz Afro-Eurasien möglich, die *Geographie* des alexandrinischen Gelehrten Claudius Ptolemaios aus dem 2. Jahrhundert n. Chr. zu konsultieren, sofern Kopien verfügbar waren, um eine maßgebliche Zusammenfassung des aktuellen Standes des geographischen Wissens zu erhalten.

1 Die neue Welt des frühen 1. Jahrtausends v. Chr.

ca. 12. bis 11. Jahrhundert v. Chr.

Irgendwann in der ersten Hälfte des 12. Jahrhunderts v. Chr. schrieben ägyptische Handwerker auf die Wände eines Totentempels im ägyptischen Theben einen anschaulichen Bericht über Katastrophen, welche die Königreiche des östlichen Mittelmeerraums heimsuchten.

> Die Fremdländer vollzogen alle zusammen die Trennung von ihren Inseln. Es zogen fort und verstreut sind im Kampfgewühl die Länder auf einen Schlag. Nicht hielt irgendein Land vor ihren Armeen stand; (und die Länder) von Hatti, Kode, Karchemish, Arzawa und Alashiya an waren (nun) entwurzelt auf (einen Schlag).
>
> Inschrift des Ramses III., übers. Noort 1994, 56

Als Ramses III. anordnete, dass dieser Text in seinen Totentempel eingemeißelt werden sollte, wusste er nicht, dass diese Ereignisse den Beginn einer wahren »Krise der alten Ordnung« markieren sollten, welche die Welt zerstören würde, die er und seine Zeitgenossen kannten. In den nächsten zwei Jahrhunderten kam es in ganz Afro-Eurasien zu ähnlichen Umwälzungen. Diese beendeten fast ein halbes Jahrtausend, in dem eine Reihe regionaler Reiche und Königreiche eine prekäre Stabilität über einen Großteil des riesigen Territoriums vom Atlantik bis zum Pazifik aufrechterhalten hatten.

Über die Art und die Ursachen der Krise herrscht in der Forschung keine Einigkeit. Zahlreiche Werke, die Jahrhunderte später geschrieben wurden, darunter Homers *Ilias* und *Odyssee* und das große indische Epos *Mahabharata*, geben vor, Ereignisse aus dieser Zeit zu schildern. Es ist jedoch schwierig, in diesen Werken die Fakten über das späte 2. Jahrtausend v. Chr. von der Fiktion zu trennen. So ist es verständlich, dass Ramses III. den Aspekt der Krise aufgriff, der für seine Zeitgenossen am offensichtlichsten war, um sie zu erklären: die Barbarenwanderung. In den Reliefs, die seine Inschrift begleiten, stellten Ramses' Künstler ganze Völker in Bewegung dar. Armeen von Kriegern werden gezeigt, begleitet von ihren Familien auf Wagen und ihren Herden. Ramses war nicht der Einzige, der Migrationen als Erklärung für die Veränderungen heranzog, die seine Welt umgestalteten. Auch die alten Griechen erzählten Geschichten über ein Zeitalter der Migrationen nach dem Trojanischen Krieg, ebenso wie die Autoren der *Rig-Veda* in Indien und die chinesischen Historiker am anderen Ende von Afro-Eurasien.

Die Migrationen waren nicht die Ursache, sondern ein Symptom der Krise. Die zugrunde liegenden Ursachen, die gleichzeitig in ganz Afro-Eurasien Königreiche und Imperien destabilisierten und die Völker an ihrer Peripherie dazu brachten, eine neue Heimat zu suchen, variierten wahrscheinlich von Region zu Region, aber ein übergreifender Faktor zieht immer mehr Aufmerksamkeit auf sich: der Klimawandel (s. bereits Carpenter 1968). Immer mehr Belege deuten darauf hin, dass Afro-Eurasien im späten 2. Jahrtausend v. Chr. in eine Periode erneuter globaler Erwärmung eintrat, die zu einer scharfen Verschiebung der südlichen Grenze der kontinentalen Regengürtel vom Breitengrad der Sahara bis nördlich des Mittelmeers nach Norden führte. Das Ergebnis waren kontinentweite Dürreperioden, welche die Zivilisationen Westasiens mit schweren Hungersnöten heimsuchten und ihre politischen und wirtschaftlichen Systeme untergruben.

Gleichzeitig trieb weiter im Osten das trockene Klima in Zentralasien die Hirtenvölker, deren Bevölkerung unter den günstigeren Bedingungen in der Mitte des 2. Jahrtausends v. Chr. gewachsen war, dazu, neues Weideland für ihre Tiere in den Territorien der landwirtschaftlich geprägten Staaten zu suchen, die an die Steppen grenzten. Infolgedessen hatten sich zu Beginn des 1. Jahrtausends v. Chr. die politischen

Abb. 1: Der Angriff der Seevölker auf Ägypten 1186 v. Chr. ist in Reliefs am Totentempel von Ramses III. in Theben dargestellt. Die Szene zeigt kämpfende Krieger in einer Seeschlacht gegen Stämme des Mittelmeers.

Bedingungen in ganz Afro-Eurasien radikal verändert. Während ähnliche Entwicklungen in der gesamten Region stattfanden, waren die Veränderungen in Westasien und Nordostafrika am dramatischsten.

Ein Blick auf die politische Karte Westasiens und Nordostafrikas im späten 2. Jahrtausend v. Chr. zeigt eine Fülle kleiner und mittelgroßer Königreiche, Stadtstaaten und halbnomadischer Hirtenvölker, die sich vom Mittelmeer bis tief in den Iran hinein erstreckten. Obwohl sich die Allianzen zwischen diesen Staaten ständig änderten und Kriege an der Tagesordnung waren, erfreute sich die Region als Ganzes fast drei Jahrhunderte lang einer prekären, aber dennoch realen Stabilität und Wohlstands, dank der politischen Ordnung, die von fünf großen Königreichen geschaffen wurde: den Hethitern, Ägypten, Assyrien, Babylon und Elam.

Antike Schiffswracks wie das in Ulu Burun in der Südtürkei entdeckte zeigen, dass diese Königreiche auch Teil komplexer Handelsnetze waren, die Luxusgüter wie Lapislazuli aus Afghanistan, Nilpferd- und Elefantenelfenbein, Straußeneier und Ebenholz aus Ägypten und Nubien sowie Parfüm aus der Ägäis und wichtige Metalle wie Gold aus Ägypten, Kupfer aus Zypern und Silber und Zinn aus Anatolien transportierten. Es war diese riesige und komplexe politische und wirtschaftliche Ordnung, die sich im 12. und 11. Jahrhundert v. Chr. auflöste.

Die ersten Anzeichen der Krise erschienen im frühen 12. Jahrhundert v. Chr., als die beiden größten Staaten – das Hethitische Reich im Norden und das Ägyptische Reich im Süden – angegriffen wurden. Am stärksten betroffen war das Hethiter-Reich. Als Nachfahren von Menschen, die indoeuropäische Sprachen nutzten, waren die Hethiter über ein Jahrtausend zuvor nach Anatolien gekommen. Mehr als zwei Jahrhunderte lang hatten sie von ihrer Hauptstadt Hattusa (in der Nähe des heutigen Ankara) aus ein mächtiges Reich regiert, das den größten Teil der heutigen Türkei und Syriens umfasste. Zwar war das Reich riesig, doch war es nur lose organisiert und bestand aus einer Vielzahl von regionalen Königreichen, Stadtstaaten und Stammesvölkern. Diese wurden durch ein komplexes System von Vasallenverträgen zusammengehalten, die ihre Verpflichtungen gegenüber dem hethitischen Großkönig festlegten.

Die volle Natur der Bedrohung der Hethiter ist unbekannt, obwohl wahrscheinlich mehrere Faktoren zusammenkamen, um die Situation zu verschlimmern. Wie bereits erwähnt, schienen aus der Ferne barbarische Invasionen die Wurzel des Problems zu sein, und tatsächlich war die Reichshauptstadt Hattusa im Laufe der Jahrhunderte wiederholt von einem Volk namens Kaskas angegriffen worden, das in den Bergen Nordanatoliens lebte. Die hethitischen Quellen erwähnen aber auch Konflikte um die königliche Nachfolge und eine Hungersnot, welche die Regierung durch den Import von Getreide aus Syrien verzweifelt zu lindern versuchte.

Andere Faktoren, etwa Aufstände ihrer Untertanen, könnten ebenfalls eine Rolle gespielt haben. Sicher ist, dass irgendwann im frühen

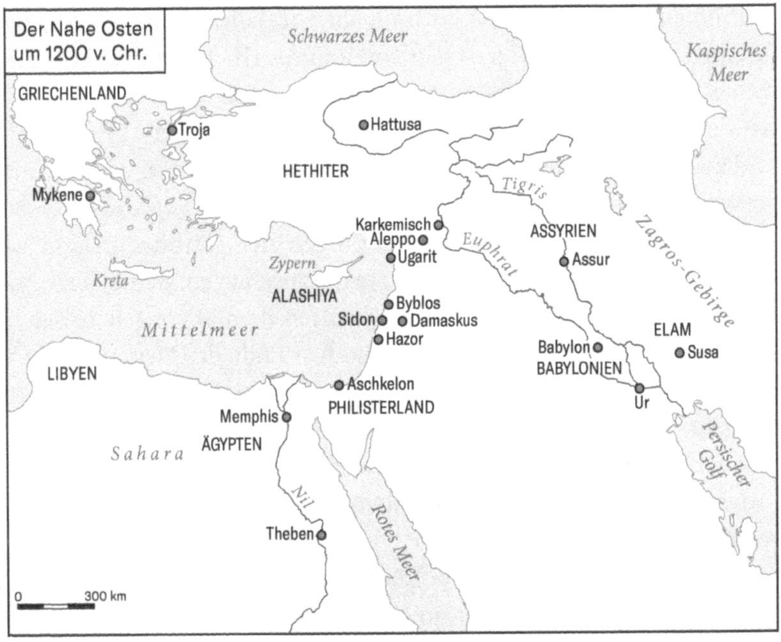

12. Jahrhundert v. Chr. während der Herrschaft von Suppiluliama II., dem letzten bekannten hethitischen Großkönig, die Hauptstadt Hattusa niedergebrannt und verlassen wurde. Das Reich brach zusammen und hinterließ in der heutigen Südtürkei und im nördlichen Syrien eine disparate Ansammlung von Kleinkönigreichen und Stadtstaaten, deren Herrscher behaupteten, den Mantel der großen Könige des Hethitischen Reiches geerbt zu haben.

Das Schicksal Ägyptens war ähnlich, aber weniger extrem. Wie die Hethiter hatten auch die Pharaonen des ägyptischen Neuen Reiches in der zweiten Hälfte des 2. Jahrtausends v. Chr. ein riesiges Reich errichtet, das sich auf seinem Höhepunkt von Palästina südwärts durch Ägypten über etwa 1500 km vom Mittelmeer bis zum vierten Katarakt des Nils und westwärts über viele 100 km nach Libyen erstreckte. Ebenso wie die Hethiter erlebte Ägypten in diesen Jahrhunderten wiederholte Konflikte um die königliche Nachfolge, Hungersnöte und fremde Invasionen. Wiederum wie bei den Hethitern erreichten diese Probleme einen Höhepunkt im frühen 12. Jahrhundert v. Chr., als Ägypten während der Herrschaft von Ramses III. drei große Angriffe durch Koalitionen ausländischer Invasoren erlitt: einen aus dem Osten durch wandernde Stämme, die man als »Seevölker« bezeichnet, und zwei aus dem Westen, angeführt von den Libyern in Allianz mit verschiedenen Seefahrern.

Im Gegensatz zu den großen Königen der Hethiter gelang es Ramses III. jedoch, die Invasoren zurückzuschlagen. Seine Siege beendeten die Krise nicht, aber sie erkauften dem ägyptischen Reich ein weiteres Jahrhundert der Existenz. Am Ende des Neuen Reiches im Jahre 1069 v. Chr. hatte Ägypten seine imperialen Territorien außerhalb des ägyptischen Heimatlandes verloren. Ironischerweise war der entscheidende Schlag selbstverschuldet: ein Bürgerkrieg, der durch den Versuch von Panehsy, dem Statthalter von Nubien, verursacht wurde, die Kontrolle über Oberägypten zu übernehmen. Obwohl Panehsy nach erbitterten Kämpfen nach Nubien zurückgetrieben wurde, verlor Ägypten sein riesiges nubisches Reich und damit auch den Zugang zu den Luxusprodukten und zum Gold, die Ägyptens Reichtum im 2. Jahrtausend v. Chr. legendär gemacht hatten.

Dennoch überlebte Ägypten, aber nur als sehr geschwächte Regionalmacht. Ein ägyptischer Botschafter namens Wenamun erfuhr, wie tief der Fall Ägyptens seit den glorreichen Tagen des Neuen Reiches drei Jahrhunderte zuvor war, als er versuchte, in Byblos Zedernholz für den Amun-Tempel in Theben zu bekommen. Seine Bitte wurde vom örtlichen Herrscher verächtlich mit der Bemerkung abgewiesen:

> Bin ich etwa dein Vasall? Oder bin ich etwa der Vasall dessen, der dich gesandt hat?
>
> *Reiseerzählung des Wenamun* 2,12–13, übers. Blumenthal 1984, 34; vgl. Moers 1995, 917

Wie die Natur verabscheut auch die Politik ein Vakuum. Das Verschwinden der ägyptischen und hethitischen Reiche ermutigte ihre östlichen Nachbarn Assyrien und Elam, davon zu träumen, sie zu ersetzen. Assyrien war das erste Reich, das sich bewegte. Nachdem es für einen Großteil des 2. Jahrtausends v. Chr. nur ein unbedeutendes regionales Königreich gewesen war, dessen Territorium sich auf die Stadt Assur im nördlichen Mesopotamien beschränkte, war es ihm im 14. Jahrhundert v. Chr. gelungen, sich trotz Protesten von Babylon und den Hethitern in die Reihen der großen Königreiche zu drängen. Während der nächsten 200 Jahre bauten ehrgeizige assyrische Könige wie Tukulti-Ninurta I. im 13. Jahrhundert v. Chr. und Tiglath-Pileser I. ein Jahrhundert später ein Reich auf, das schließlich Syrien, einen Großteil des südlichen und östlichen Anatoliens und sogar ihren ehemaligen Oberherrn Babylon einschloss. Der Triumph Assyriens war jedoch nur von kurzer Dauer. Invasionen von aramäischen Nomaden aus ihrer Heimat im östlichen Syrien destabilisierten ganz Mesopotamien, bis das Assyrische Reich im frühen 11. Jahrhundert v. Chr. unterging.

Während Assyrien im Norden und Westen besetzt war, bestritt Elam, das bereits den größten Teil des südwestlichen Irans zu einem mächtigen Königreich vereinigt hatte, die assyrische Vorherrschaft in Südmesopotamien. In der Mitte des 12. Jahrhunderts v. Chr. erhob der elamitische König Schutruk-Nahunte Anspruch auf den Thron von Babylon, und als sein Ansinnen zurückgewiesen wurde, eroberte und plünderte er Babylon. Er brachte zahlreiche historische Denkmäler in seine Hauptstadt Susa zurück, darunter die Stele mit dem Gesetzbuch des Hammurabi, die französische Archäologen Anfang des 20. Jahrhunderts dort finden sollten. Die Vormachtstellung Elams erwies sich jedoch als ebenso kurzlebig wie die von Assyrien. Bevor die Elamiten ihren Einfluss im südlichen Mesopotamien festigen konnten, verloren sie die Kontrolle über Babylon an einen rebellischen König namens Nebukadnezar I., dem es gelang, Susa zu plündern und das immer noch fragile elamitische Königreich zu destabilisieren, das irgendwann im frühen 11. Jahrhundert v. Chr. zerfiel.

Das Ergebnis von fast anderthalb Jahrhunderten politischer und militärischer Umwälzungen war eine Situation, die nahezu beispiellos war. Keines der großen Reiche und Großkönigreiche, die den

Rahmen für das politische und wirtschaftliche Leben in Westasien gebildet hatten, war zu Beginn des 11. Jahrhunderts v. Chr. noch vorhanden. Die nächsten drei Jahrhunderte waren eine Periode des revolutionären Wandels, deren Geschichte zu schreiben freilich schwierig ist. Schriftliche Quellen im alten Nahen Osten wurden in Perioden politischer und militärischer Expansion produziert, so dass mit dem Zusammenbruch der bronzezeitlichen Reiche auch die uns zugänglichen Textquellen verschwanden. Dasselbe gilt für die archäologischen Zeugnisse, da sowohl Monumentalbau und Kunst als auch der Fernhandel mit Luxusgütern und Metallen aus demselben Grund stark zurückgingen.

Angesichts des Ausmaßes der Veränderungen in der späten Bronzezeit ist es verständlich, dass Zeitgenossen wie Ramses III., der ägyptische Autor der *Reiseerzählung des Wenamun* und babylonische Autoren von – mit Hiob vergleichbaren – Meditationen über den Platz des Bösen in der Welt und insbesondere von den chaotischen Zuständen der neuen Zeit beeindruckt waren und verzweifelt feststellten:

> Unter den Menschen der Welt hielt ich (Um-)Schau, da waren widersprechend die Zeichen: Gott hält nicht versperrt dem Teufel den Pfad.
>
> *Babylonische Theodizee* 23,243–244, übers. Landsberger 1936, 65

Aus dieser Sicht waren Jahrhunderte der politischen Ordnung, des Wohlstands und stabiler moralischer Werte fast über Nacht durch politische Unordnung, radikale gesellschaftliche Veränderungen und weit verbreitete Armut ersetzt worden. Aus der Perspektive der ehemaligen Untertanen und der Völker jenseits ihrer Grenzen hätte die Situation jedoch ganz anders ausgesehen. So schwierig die Bedingungen auch gewesen sein mögen, der Zusammenbruch der Großmächte eröffnete ihnen eine einzigartige Zeit der Möglichkeiten. Diese dauerte weniger als drei Jahrhunderte, bis das Wiederaufleben Assyriens im 9. Jahrhundert v. Chr. den größten Teil des alten Nahen Ostens erneut der Herrschaft einer imperialen Macht unterwarf. Während jener kurzen, aber außergewöhnlichen Periode bildeten sich jedoch neue Völker und Staaten, darunter die Phönizier, Hebräer, Nubier,

Perser und Griechen, die eine grundlegende Rolle in den Ereignissen des folgenden Jahrtausends spielen sollten.

Die weitreichendsten Veränderungen gab es in Anatolien, wo der Zusammenbruch des Hethitischen Reiches seinen bisherigen Untertanen die Möglichkeit eröffnete, ihren Platz an der Sonne zu suchen. Am erfolgreichsten waren die Phryger – möglicherweise Einwanderer aus Südosteuropa –, die ein Königreich errichteten, das den größten Teil des ehemaligen hethitischen Kernlandes in Zentral- und Westanatolien umfasste, das sie von ihrer Hauptstadt Gordion (heute Yassıhüyük, 80 km vor Ankara) aus regierten. Anderswo in West- und Südanatolien und Nordsyrien entstand aus dem Zerfall ehemaliger hethitischer Provinzen eine schwindelerregende Vielfalt an größeren und kleineren Königreichen, Stammesbündnissen und Stadtstaaten. Gleichzeitig ermöglichte der Niedergang von Assyrien und Babylon südöstlich von Anatolien den aramäischen Nomaden, aus der syrischen Heimat auszuwandern und eine Reihe von Kleinkönigreichen in ganz Nordsyrien und Mesopotamien zu gründen, während die Zersplitterung des elamitischen Königreichs es verschiedenen indoeuropäischen Völkern ermöglichte, sich zu etablieren, einschließlich der Meder und Perser, die aus Zentralasien in den Iran eingedrungen waren.

Weniger Probleme bereitet es, die Auswirkungen des Zerfalls des Ägyptischen Reiches auf die Völker Südwestasiens und Nordostafrikas zu verfolgen. Im Gegensatz zur Situation in Anatolien und Mesopotamien sind die Quellen relativ reichhaltig und spiegeln sowohl ägyptische als auch nicht-ägyptische Perspektiven auf den Prozess wider. Ironischerweise ist aber genau dies das Problem, denn für einen großen Teil der Geschichte des frühen 1. Jahrtausends v. Chr. ist man auf eine einzige nicht-ägyptische Quelle angewiesen, deren Zuverlässigkeit umstritten ist: die Bibel.

Auf den ersten Blick ist dies seltsam, da die historischen Bücher der Bibel von *Josua* bis zum *Zweiten Buch der Könige* in für die altorientalische Geschichte einzigartiger Weise eine detaillierte und umfassende Darstellung der Ereignisse in Syrien-Palästina vom 12. bis zum frühen 6. Jahrhundert v. Chr. zu bieten scheinen. Fast zwei Jahrhunderte wissenschaftlicher Untersuchungen haben jedoch ernsthafte Fragen zur Genauigkeit eines Großteils dieser Darstellung aufgeworfen. Die Probleme sind vierfacher Art. Erstens verließen sich die Autoren der biblischen Erzählung auf verlorene Quellen von ungewissem Charakter und Zuverlässigkeit für ihre Darstellung von Ereignissen, die ein halbes Jahrtausend vor ihrer Abfassung in der Mitte des 1. Jahrtausends v. Chr. stattfanden. Zweitens fehlen archäologische Bestätigungen für wichtige Aspekte der biblischen Geschichte, wie etwa die hebräische Eroberung von Judäa und das Großreich von David und Salomon. Drittens sind viele Details der Erzählung, etwa die zahlreichen Reden und Dialoge, eindeutig fiktiv. Viertens ist die Interpretation der Ereignisse in der biblischen Erzählung ernsthaft anachronistisch, da sie die religiösen Vorstellungen der Mitte des 1. Jahrtausends v. Chr. widerspiegelt, nicht der Zeit von dessen Beginn.

Man hat daher gelernt, bei der Verwendung der biblischen Darstellung von Ereignissen in der frühen Eisenzeit Vorsicht walten zu lassen und zu akzeptieren, dass einige der bekanntesten Geschichten der Bibel, einschließlich vieler Details der hebräischen Eroberung von Judäa und der Herrschaft von David und Salomon, möglicherweise nicht historisch sind. Dennoch ergibt sich, wenn die biblischen Erzählungen im Licht ägyptischer und assyrischer Texte und archäologischer Belege interpretiert werden, ein relativ klares Bild der Bedingungen in Syrien-Palästina zu Beginn des 1. Jahrtausends v. Chr. Es fällt auf, dass der ägyptische Einfluss in Syrien-Palästina, abgesehen von seltenen Einfällen wie dem Feldzug des Pharaos Scheschonq I. im späten 10. Jahrhundert v. Chr., vollständig verschwunden war, wodurch Ägyptens ehemalige kanaanitische Untertanen befreit wurden.

Während des Neuen Reiches hatte Ägyptens Reich in Kanaan aus einer Reihe von Stadtstaaten und Kleinkönigreichen bestanden, die von Klientelkönigen regiert und durch Festungen und Garnisonen an strategischen Punkten verstärkt wurden. Mit dem Zusammenbruch des Ägyptischen Reiches erlangten all diese Staaten ihre Unabhängigkeit zurück. Von allen ehemaligen asiatischen Untertanen Ägyptens waren es jedoch die Hafenstädte, welche die Küste zwischen Tyros im Süden (heute Sur im Libanon) und Arados (Aruad vor der Küste Syriens) im Norden also die von den Griechen später Phönizien genannte Region innehatten, die aus der Krise der späten Bronzezeit mit dem geringsten Schaden hervorgingen und die kanaanitischen Traditionen bis ins 1. Jahrtausend v. Chr. fortführten.

Die Erfahrung der fünf weiter südlich gelegenen Städte im heutigen Israel von Aschdod bis Gaza war weniger glücklich. Archäologische Belege zeigen einen radikalen Wandel in ihrer materiellen Kultur zu Beginn des 1. Jahrtausends v. Chr., zur gleichen Zeit, als die Bibel sie als nicht von Kanaanitern, sondern von einem neuen Volk, den Philistern, beherrscht darstellt. Deren Identität ist unklar, aber meist identifiziert man sie mit den Peleset, einer der verschiedenen Gruppen von Räubern, welche die Ägypter als »Seevölker« bezeichneten, und man betrachtet sie als Einwanderer aus der Ägäis aufgrund der engen Beziehung zwischen verschiedenen Aspekten der materiellen Kultur der Philister-Städte und der späten mykenischen Kultur, insbesondere ihrer Architektur und der reichlich vorhandenen bemalten Keramik.

Währenddessen entstanden im Inneren des heutigen Israels und Jordaniens unter dem Druck der Philister-Städte neue Staaten, die versuchten, ihren Einfluss ins Landesinnere auszudehnen, um die arabischen und mesopotamischen Handelswege zu schützen, von denen ihr Wohlstand abhing. Im 10. Jahrhundert v. Chr. hatten sich die beiden Königreiche Israel und Juda um die Städte Samaria und Jerusalem im israelischen Hügelland gebildet, während jenseits des Jordans das Königreich Moab entstanden war. Komplizierter waren jedoch die Auswirkungen auf Ägypten selbst und seine Nachbarn in Nordostafrika.

Ägypten ging aus dem Zusammenbruch seines Reiches verarmt, geteilt und zum ersten Mal seit über einem halben Jahrtausend als einer Fremdherrschaft unterstehend hervor. Die Pharaonen des späten Neuen Reiches hatten die Ansiedlung von Libyern in Ägypten und die Rekrutierung von Libyern in die ägyptische Armee gefördert. Die Zunahme ihrer Zahl führte jedoch zu einem Ende des Machtgleichgewichts in Ägypten zu Ungunsten der einheimischen ägyptischen Bevölkerung. Im 10. Jahrhundert v. Chr. dominierten vielmehr

Libyer die ägyptische Armee und besetzten die höchsten Positionen in der Regierung. Schließlich bestieg im Jahr 945 v. Chr. ein libyscher Häuptling namens Scheschonq den Thron, gründete die 22. Dynastie und eröffnete eine Periode von mehr als zwei Jahrhunderten libyscher Herrschaft in Ägypten.

Obwohl libysche Häuptlinge in Ägypten als Pharaonen anerkannt wurden, widersetzten sie sich der vollständigen Integration in die ägyptische Gesellschaft, was sich darin zeigte, dass sie ihre nichtägyptischen Namen und Stammestitel beibehielten, Entscheidungen bevorzugt den Orakeln zur Genehmigung vorlegten und, was am wichtigsten war, Regierungsämter mit befreundeten Verwandten besetzten, die bald vererbbar wurden. Schwindende königliche Macht und zunehmende politische Zersplitterung waren die unvermeidlichen Folgen, bis im späten 8. Jahrhundert v. Chr. Ägypten in mindestens zehn separate politische Einheiten aufgeteilt war, von denen vier von libyschen Häuptlingen regiert wurden, die freilich jeweils den Anspruch erhoben, Pharao zu sein.

Wie in Syrien-Palästina schuf ein geteiltes und geschwächtes Ägypten auch in Nubien Möglichkeiten für seine ehemaligen Untertanen. Ägypten hatte sein nubisches Reich während des Neuen Reiches regiert, indem es sich auf lokale Führer im zentralen Sudan verließ, die in das System kooptiert worden waren. Das Ende der ägyptischen Herrschaft machte sie frei, ihre eigenen Ziele zu verfolgen. Auch wenn die Details verloren sind, haben US-amerikanische Ausgrabungen des königlichen Friedhofs in el-Kurru in der Nähe des vierten Katarakts des Nils die allmähliche Umwandlung einer Reihe regionaler Häuptlinge in Könige dokumentiert, die das gesamte obere Niltal im ägyptischen Stil regierten. Der Prozess begann im frühen 9. Jahrhundert v. Chr. mit Bestattungen in großen Hügelgräbern (Tumulus-Gräbern) im nubischen Stil und endete im späten 8. Jahrhundert v. Chr. mit Bestattungen im ägyptischen Stil in Pyramiden.

Das nubische Königreich war riesig und komplex und erstreckte sich vom ersten Katarakt des Nils im Norden bis irgendwo südlich des fünften Katarakts. Der Großteil seiner Bevölkerung waren Bauern, die in Dörfern am Nil lebten; in der östlichen Wüste zwischen dem Fluss und dem Roten Meer lebten Stämme von Viehzüchtern, die mit ihren Herden umherzogen und die Autorität der Könige von Kusch anerkannten. Die Wirtschaft des Königreichs beruhte auf landwirtschaftlichen Erzeugnissen, die durch verschiedene Produkte aus dem afrikanischen Hinterland ergänzt wurden, darunter Elfenbein, Ebenholz, Tiere und deren Häute sowie Sklaven und Gold aus der östlichen Wüste.

Die Verwaltung konzentrierte sich auf eine Reihe von Städten, die um Tempel im ägyptischen Stil zwischen dem dritten und fünften Katarakt des Nils erbaut wurden. Die wichtigste Stadt war Napata, von der traditionell angenommen wurde, dass sie die südliche Heimat des thebanischen Himmelsgottes Amun und der Ort der Krönung des Königs war. An der Spitze des Systems stand der König; er wurde aus einer Gruppe potenzieller Erben ausgewählt, deren Mütter zu einer privilegierten Klasse von Hofdamen gehörten, die den Titel der Königsschwester trugen, und man glaubte, dass er als Auserwählter des Amun regierte.

Die Auswirkungen der Krise machten nicht an den westasiatischen und nordafrikanischen Ufern des Mittelmeers halt, sondern erstreckten sich westwärts bis zur südlichen Balkanhalbinsel. Hier hatte eine indoeuropäische Kriegerelite, die eine frühe Form des Griechischen sprach, eine Reihe kleiner, bürokratisch verwalteter Königreiche gegründet, die auf Bergfestungen zentriert waren; diese waren die Heimat einer eleganten, von der Zivilisation des minoischen Kretas beeinflussten Kultur, die man als mykenische Zivilisation bezeichnet. Vom 15. bis zum späten 13. Jahrhundert v. Chr. waren mykenische Krieger, Handwerker und Händler von Anatolien und Syrien-Palästina im Osten und Ägypten im Süden bis nach Sizilien und Süditalien im Westen allgegenwärtig, und dann schlug die Katastrophe zu.

Unsere einzigen zeitgenössischen Quellen sind Tontafeln, die administrative Aufzeichnungen enthalten, welche in einer frühen Form des Griechischen in einer Silbenschrift namens Linear B geschrieben sind. Sie geben keinen Hinweis auf eine bevorstehende Krise bis zum Moment der Zerstörung der Festungen, aber die Ereignisse sind offenkundig: Zwischen 1200 und 1100 v. Chr. wurden alle Festungen niedergebrannt und verlassen, und mit ihnen verschwanden alle Spuren der Zivilisation, in der sie beheimatet waren, einschließlich der Kenntnisse der Schrift, der Freskenmalerei und der luxuriösen Metallbearbeitung. Einige mykenische Griechen mögen geflohen sein und sich den Seefahrern angeschlossen haben, während andere sich auf Zypern und in den Küstenstädten des südlichen Palästinas niederließen (jedenfalls sofern die Philister richtig als ägäische Flüchtlinge identifiziert werden können). Zu Hause jedoch war jede Spur der mykenischen Zivilisation zu Beginn des 1. Jahrtausends v. Chr. verschwunden. Kaum ein Drittel der Bevölkerung, die zwei Jahrhunderte zuvor in Griechenland gelebt hatte, überlebte und siedelte in winzigen Dörfern, die nur von Mythen und Legenden umgeben waren, um die Ruinen vergangener Größe zu erklären.

Der Kontakt zwischen den Zivilisationen Westasiens und den Völkern des zentralen und westlichen Mittelmeers und Kontinentaleuropas war immer begrenzt gewesen, daher gibt es nur wenige Spuren der mykenischen Krise nördlich und westlich von Griechenland. Stattdessen waren das späte 2. Jahrtausend v. Chr. und das frühe 1. Jahrtausend v. Chr. Jahrhunderte mit bemerkenswertem Wachstum. Die gleichen klimatischen Veränderungen, die Ägypten und Westasien Hungersnöte und wirtschaftlichen Niedergang brachten, trieben die landwirtschaftliche Expansion und das Bevölkerungswachstum in Mittel- und Westeuropa voran. Die Bronzemetallurgie nahm an Umfang und Qualität zu und produzierte eine Vielzahl von Werkzeugen, Gefäßen und vor allem Waffen für eine neue Kriegerelite, welche die schnell wachsende Anzahl von landwirtschaftlichen Dörfern von Hügelfestungen aus regierte, die zum ersten Mal in der gesamten Region erschienen.

Zwar sind die Belege für die Verhältnisse südlich des Mittelmeers in Afrika viel stärker begrenzt, doch deutet das Wenige, das erhalten ist, auf eine ähnliche Entstehung von Kriegereliten hin, die wohl einheimische Imazighen (»Berber«) waren; sie nutzten die Verbreitung des Pferdes und des Streitwagens aus Ägypten, um die Kontrolle über die landwirtschaftlichen und pastoralen Bevölkerungen, die das westliche Nordafrika und die zentrale Sahara bewohnten, zu etablieren. Weiter westlich, im südlichen Mauretanien, führten die klimatischen Veränderungen des späten 2. Jahrtausends v. Chr. jedoch zu feuchteren Bedingungen, die das Auftreten der Titchitt-Tradition begünstigten, der ersten proto-urbanen Kultur in Afrika südlich der Sahara, die auf gemischter Landwirtschaft beruhte und von weitgehend aus unvermörtelten Legesteinen gebauten Dörfern charakterisiert war.

Weitreichende Veränderungen traten auch in Süd- und Ostasien am Ende des 2. Jahrtausends v. Chr. auf. Die Art der Belege für diese Entwicklungen variiert jedoch je nach den Kulturen der Regionen. In Indien sind die wichtigsten schriftlichen Quellen, die uns zur Verfügung stehen, das große Korpus von Hymnen an die Götter und rituelle Texte, die als *Veden* bekannt sind. Sie spiegeln die priesterliche Herkunft der meisten Schriftsteller und Gelehrten wider, sind schwer zu datieren und enthalten nur wenige explizite Hinweise auf zeitgenössische Ereignisse. Archäologische Belege sind aufgrund der Verwendung von nicht haltbaren Materialien in Südasien begrenzt. Im Gegensatz dazu sind historische Quellen für Ereignisse in Ostasien recht reichhaltig, obwohl sie meist aus dem späten 1. Jahrtausend v. Chr. stammen. Dank der zentralen Bedeutung des Ahnenkults in der chinesischen Kultur ist eine Fülle von Grabbeigaben erhalten, und die Archäologie beginnt gerade erst, diesen Reichtum zu erschließen und die Umrisse der wichtigsten Entwicklungen zu klären.

Im Gegensatz zur Situation in Westasien und Nordostafrika waren die veränderten Bedingungen des frühen 1. Jahrtausends v. Chr. in Südasien nicht das Ergebnis einer kurzen Krise, sondern der Höhepunkt von Entwicklungen, die ein halbes Jahrtausend zuvor mit dem Zusammenbruch der Indus-Tal-Zivilisation begonnen hatten. Früher erklärte man diese Ereignisse als das Ergebnis »arischer Invasionen«, dem Einbruch von Horden Indoeuropäisch sprechender Viehhirten in Indien, die von wilden Wagenkriegern aus Zentralasien angeführt wurden; man nahm an, dass sie die Indus-Tal-Zivilisation und ihre streng geplanten Städte zerstörten und die dunkelhäutigen Überlebenden eroberten, die sie entweder unterwarfen oder in den südlichen Teil des Subkontinents vertrieben.

Archäologische und linguistische Zeugnisse legen heute jedoch eine weniger dramatische Erklärung für die indoeuropäische Präsenz in Südasien nahe. Ausgrabungen im Indus-Tal haben keine Hinweise auf eine gewaltsame Eroberung ergeben, was wahrscheinlich macht, dass die Indus-Tal-Zivilisation bereits zusammengebrochen war, als die Indoeuropäer nach Indien kamen. Darüber hinaus deutet die enge sprachliche Verwandtschaft zwischen dem Sanskrit der *Veden* und dem Avestischen, der frühesten bekannten iranischen Sprache, darauf hin, dass die Indoeuropäer nicht alle auf einmal nach Indien kamen, sondern allmählich über einen Zeitraum von Jahrhunderten, wobei einige Gruppen bis in das späte 2. Jahrtausend v. Chr. in Zentralasien in der Nähe der frühen iranischen Bevölkerung blieben. Schließlich weisen die *Veden* und mündliche Überlieferungen, die dem *Mahabharata* zugrunde liegen, auf Konflikte zwischen verschiedenen indoeuropäischen Gruppen sowie mit der indischen Urbevölkerung hin. Tatsächlich nutzten wohl kleine Gruppen von Indoeuropäern, die durch die sich verschlechternden klimatischen Bedingungen in Zentralasien gedrängt wurden, das Vakuum, das durch den Zusammenbruch der Indus-Tal-Zivilisation entstand, um auf der Suche nach neuem Weideland für ihre Herden allmählich in den Nordwesten Indiens einzudringen und dabei neue Gesellschaften zu gründen.

Nach den in der *Rig-Veda* erhaltenen Hymnen waren diese Gesellschaften nach dem Varna-System organisiert, das zu Beginn der Zeit etabliert wurde. Vier Kasten der Menschheit wurden ins Leben gerufen: Brahmanen als Ritualspezialisten, Kshatriyas oder Rajanyas als Krieger, Vaishyas als Hirten und Händler und Shudras als Diener, die den ersten drei Varnas dienen mussten. Die Götter schufen sie aus den Teilen des geopferten Körpers des Riesen Puruṣa:

> Sein Mund ward zum Brahmanen, seine beiden Arme wurden zum Rajanya gemacht, seine beiden Schenkel zum Vaishya, aus seinen Füßen entstand der Shudra.

Rig-Veda 10,90 [916], 12, übers. Geldner 1951, 288

Der Prozess der indoeuropäischen Besiedlung Indiens erstreckte sich über Jahrhunderte und führte zur Entstehung zahlreicher Häuptlingstümer, die von Kshatriya-Kriegereliten in Allianz mit Brahmanen-Ritualspezialisten regiert wurden. Deren Fachwissen wurde für die Opferungen benötigt, die das öffentliche Gesicht der Kshatriya-Herrschaft waren. Zu Beginn des 1. Jahrtausends v. Chr. hatte die Expansion der Indoeuropäer sie ostwärts vom Punjab über Nordindien bis zum Tal des Ganges geführt. Hinweise in den *Veden* und den Epen auf Konflikte zwischen indoeuropäischen Häuptlingstümern sowie mit einheimischen Gruppen deuten darauf hin, dass ihr Vormarsch nicht frei von Konflikten war.

Das Ergebnis war jedoch nicht die Etablierung von Gesellschaften, die durch eine scharfe Trennung zwischen indoeuropäischen Herrschern und einheimischen Untertanen gekennzeichnet waren, wie es die These »arischer« Invasionen annimmt. Stattdessen fand, wie der nicht-indoeuropäische Charakter des Sanskrit-Vokabulars für Landwirtschaft und viele Handwerke andeutet, eine Verschmelzung der beiden Völker statt; so wandelten sich die Indoeuropäer allmählich von vorwiegend Viehzüchtern zu Ackerbauern und legten damit den Grundstein für die Entstehung der ersten staatlich organisierten Gesellschaften in Indien seit dem Verschwinden der Indus-Tal-Zivilisation über fünf Jahrhunderte zuvor.

Mehr noch als die Geschichte Südasiens ist die Geschichte Ostasiens in der späten Bronzezeit noch nicht sehr gut erforscht, wobei jede archäologische Entdeckung das Potenzial hat, grundlegende Aspekte unseres Verständnisses dieser Geschichte zu verändern. Die ältere chinesische Geschichtsschreibung gab an, dass im 2. Jahrtausend v. Chr. zwei Dynastien in Nordchina regierten: die Xia und die Shang, von denen die größere die Shang war. Bevor man im 20. Jahrhundert die Bedeutung von beschrifteten Schildkrötenpanzern erkannte, die in chinesischen Apotheken als Amulette verkauft wurden, und 1928 die spektakuläre Entdeckung von Anyang, der letzten Shang-Hauptstadt, mit ihren riesigen Palästen, Tempeln und Königsgräbern machte, behandelte man die Shang-Dynastie als mythisch. Diese Entdeckungen brachten dann die Shang in die Geschichte.

Die Orakelknochen waren Aufzeichnungen von Konsultationen der Götter durch die Shang-Könige. Die Wahrsagung mit ihnen beinhaltete die Anwendung von Hitze auf einen Schildkrötenpanzer oder einen Rinderknochen und das Ablesen der Antwort auf eine Frage in dem Muster der entstehenden Risse. Ein Beispiel ist ein Orakelknochen, der sich mit der Geburt eines Kindes für eine königliche Dame namens Hao befasst:

> Bei der Herstellung von Rissen am *jiashen* (21. Tag) hat Que geweissagt: ›Die Dame Hao wird ein Kind gebären und es wird vielleicht nicht gut sein.‹ Nach 31 Tagen, am *jiayin* (51. Tag), brachte sie das Kind zur Welt. Es war wirklich nicht gut. Es war ein Mädchen.
>
> Orakelknochen, übers. n. Keightley 2000, 3–4; vgl. Hansen 2000, 27

Die Zehntausende solcher Orakelknochen, die entdeckt wurden, zeigen, dass ein Großteil der späteren chinesischen Kultur einschließlich des Schriftsystems und, wie das Orakel für Hao zeigt, die Vorliebe für männliche Kinder bereits im 2. Jahrtausend v. Chr. voll entwickelt waren.

Die Orakelknochen beleuchten auch das Wesen und die Geschichte des Shang-Staates. Obwohl die spätere chinesische Tradition die Shang-Dynastie als die Herrscher Nordchinas ansah, offenbaren die Orakelknochen eine komplexere Situation: Sie zeigen, dass die Shang zwar direkt ein recht kleines Territorium in der Wasserscheide des Huang He (Gelben Flusses) beherrschten, ihr Reich aber das Zentrum eines lose organisierten Netzwerks von mehr als 30 Staaten war. Diese wurden von aristokratischen Kriegerhäuptlingen regiert, die mit den Shang-Herrschern durch angebliche verwandtschaftliche Bande verbunden waren. Diese Unterkönige bekräftigten ihre Unterwerfung unter ihre Shang-Oberherren, indem sie Tribut zahlten, darunter Schildkrötenpanzer und Rinderknochen für die Wahrsagung und Kriegsgefangene für die Menschenopfer, von denen man glaubte, dass sie notwendig waren, um tote Shang-Könige nach dem Tod zu versorgen. Die Hauptquelle für solche Gefangenen waren Völker, die außerhalb des Shang-Tributnetzwerks lebten.

Abb. 2: Orakelknochen wie dieser beschriftete Schildkrötenpanzer sind primäre Quellen für die Geschichte von Shang-China. Ein Wahrsager stellte im Auftrag des Shang-Königs eine Frage, indem er einen heißen Stab auf eine im Panzer gemachte Grube legte und die durch die Hitze verursachten Risse deutete. Die Frage und ihre Antwort wurden dann auf den Schildkrötenpanzern eingeschrieben, die in den Regierungsarchiven aufbewahrt wurden.

Besonders wichtig waren nomadische Völker, die durch die sich verschlechternden Bedingungen in Zentralasien in das Tal des Huang He (Gelben Flusses) gedrängt wurden; sie führten um 1200 v. Chr. das Pferd und den Streitwagen bei den Shang ein und ihre bemerkenswerten kaukasischen Mumien wurden nordwestlich der chinesischen Grenze im Tarim-Becken entdeckt. Die Orakelknochen zeigen jedoch auch, dass der Shang-Staat ab dem frühen 13. Jahrhundert v. Chr. in eine Periode des Niedergangs eintrat, in der sein Heimatgebiet und die Zahl seiner Nebenstaaten schrumpfte; einer dieser abtrünnigen Nebenstaaten, die Westlichen Zhou, besiegten die Shang 1045 v. Chr. entscheidend und lösten sie als überragende Macht in Nordchina ab.

Um etwa 1000 v. Chr. waren die Umwälzungen der späten Bronzezeit vorbei. Die klimatischen Bedingungen hatten angefangen, sich zu verbessern, und die Bevölkerung hatte in ganz Afro-Eurasien wieder zu wachsen begonnen. Neue Staaten hatten sich gebildet und Innovationen in der politischen Organisation, im gesellschaftlichen und wirtschaftlichen Leben und in der Technologie hatten stattgefunden, die für den Rest des Zeitraums, der in diesem Buch behandelt wird, grundlegend bleiben sollten. Der Prozess verlief jedoch nicht friedlich. Hinweise auf Konflikte sind in der Literatur des frühen 1. Jahrtausends v. Chr. reichlich vorhanden. Dennoch erkannten spätere Generationen die Bedeutung dieser Entwicklungen und blickten auf diese Periode als eine Zeit zurück, in der Modelle für ideales Verhalten und Werte zu finden waren.

2 Die frühe Eisenzeit

ca. 10. bis 7. Jahrhundert v. Chr.

In seinem moralisierenden Gedicht *Werke und Tage*, das er irgendwann im 8. Jahrhundert v. Chr. verfasste, riet der griechische Dichter Hesiod seinem nichtsnutzigen Bruder:

> Geh an der Werkstatt des Schmiedes vorbei und am warmen Vereinssaal / mitten im Winter, sobald der Frost den Mann an der Arbeit / hindert.
>
> Hesiod, *Werke und Tage* 492–494, übers. Hallof / Hallof 1994, 67

Hesiods beiläufige Anspielung auf die potenziellen Risiken der Zeitverschwendung in der Werkstatt des Schmiedes spiegelt eine grundlegende Veränderung im gesellschaftlichen und wirtschaftlichen Leben der Völker Westasiens und des Mittelmeerraums im frühen 1. Jahrtausend v. Chr. wider. Im Gegensatz zur Situation im 2. Jahrtausend v. Chr., als Bronze, das wichtigste Metall, selten und teuer war und seine Versorgung und Verteilung von den Regierungen kontrolliert wurde, sind die Anwesenheit von »Schmieden«, also Eisenarbeitern, in den ländlichen griechischen Dörfern und die Zunahme der Anzahl von Eisenobjekten, die in archäologischen Stätten in der ganzen Region gefunden wurden, ein klarer Beleg für die »Demokratisierung« der Metallverwendung nach dem Beginn des 1. Jahrtausends v. Chr.

Die Eisenrevolution war die unbeabsichtigte Folge der im vorherigen Kapitel beschriebenen Krise. Eisenerze sind auf der ganzen Welt verbreitet, und es war bereits im 2. Jahrtausend v. Chr. bekannt, dass sie in ein potenziell nützliches Metall umgewandelt werden können. Im Grab des ägyptischen Königs Tutanchamun wurde ein Messer mit Eisenklinge gefunden, und Untertanen der Hethiter hatten das Geheimnis der Verhüttung und Verarbeitung von Eisen gelernt. Der Prozess war jedoch schwierig, und das resultierende Metall war der bekannten Bronze in vielen Anwendungsbereichen unterlegen. Aber Bronze hatte einen Nachteil: Wie das Wrack von Ulu Burun zeigte, war ein weitreichendes Handelsnetz erforderlich, um die beiden Komponenten von Bronze zusammenzubringen: Kupfer und Zinn. Kupfervorkommen waren nicht selten: Zypern – die Kupferinsel – war nur die wichtigste Quelle von vielen. Zinnvorkommen waren hingegen selten; sie waren von Anatolien bis zum westlichen Mittelmeer und sogar darüber hinaus bis nach Britannien verstreut. Es überrascht nicht, dass Bronze immer schwieriger zu beschaffen war, als die Umwälzungen am Ende des 2. Jahrtausends v. Chr. den Seehandel und damit den Zugang zu Kupfer- und vor allem Zinnvorkommen drastisch reduzierten. Infolgedessen waren die Völker des östlichen Mittelmeerbeckens und Westasiens gezwungen, Bronze durch das bis dahin verachtete Eisen zu ersetzen, wo sie konnten.

Bronze verschwand jedoch nicht. Ganz im Gegenteil, sie blieb das bevorzugte Metall für Waffen, Rüstungen und alle Arten von luxuriösen Metallwaren, bei denen Nützlichkeit mit feiner Handwerkskunst und Schönheit kombiniert werden sollte. Nachdem aber die Schmiede gelernt hatten, dass die Zugabe von Kohlenstoff während des Schmelzvorgangs ein hartes und starkes Metall mit einer stabilen Kante ergibt, wurde Eisen das Metall der Wahl für Werkzeuge und Gebrauchsgegenstände aller Art, von Nägeln bis zu Pflügen. In kurzer Zeit hörte die Verwendung von Metall auf, ein Privileg der Oberschicht zu sein, wie die große Anzahl von kleinen eisernen Weihungen in griechischen Heiligtümern der frühen Eisenzeit zeigt.

Günstige Eisenwerkzeuge ermöglichten es den Bauern auch, neues Land unter Anbau zu bringen und die Produktion auszuweiten, was das Bevölkerungswachstum im gesamten östlichen Mittelmeerraum und Westasien begünstigte, gerade als sich die Regengürtel wieder nach Süden bewegten und sich die klimatischen Bedingungen im 9. Jahrhundert v. Chr. allmählich verbesserten. Natürlich waren nicht alle Ergebnisse der Verbreitung der Eisennutzung positiv. Die ständig steigende Nachfrage nach Eisenwerkzeugen beschleunigte auch die Abholzung in der gesamten Region, da Wälder gerodet wurden, um Brennstoff für die Eisenhütten zu liefern und den Nahrungsbedarf der wachsenden Bevölkerung zu decken, so dass die Beschreibung Attikas durch den Philosophen Platon auf viele Gebiete der Region zutraf. Platon schreibt, Attika biete …

> … gleichsam nur die Knochen eines erkrankten Körpers, nachdem ringsum fortgeflossen ist, was vom Boden fett und weich war, und nur der dürre Körper des Landes übrig blieb.
>
> Platon, *Kritias* 111b, übers. Eigler 1977, VII 225

Keine der Städte und keines der Königreiche des östlichen Mittelmeers waren jedoch autark, so dass der Handel nie ganz aufgehört hatte, und das trotz der Gefahren – Piraterie, Raub, Erpressung –, die in der schon genannten *Reiseerzählung des Wenamun* über seine unglückliche Reise in die Levante zum Ankauf von Zedernholz für den Amun-Tempel in Theben so anschaulich geschildert werden. Verständlicherweise waren die Völker des östlichen Mittelmeers nach dem Zusammenbruch der bronzezeitlichen Reiche gegenüber Fremden misstrauisch. Auf exponierten Inseln wurden Küstensiedlungen zugunsten von leichter zu verteidigenden Standorten im Landesinneren aufgegeben, und der begrenzte Seehandel, der noch existierte, beschränkte sich auf Notwendigkeiten. Was dieses Kalkül änderte, war der stetig wachsende Bedarf an Metallen, sowohl Bronze als auch Eisen, der schließlich zu einer Wiederbelebung des Seehandels führte.

Es waren die neuhethitischen Königreiche in Syrien und die phönizischen Städte in der Levante, die als erste die neuen Handelsmöglichkeiten nutzten. Löwen im neuhethitischen Stil in der archaischen griechischen Kunst und Weihungen in griechischen Heiligtümern von spektakulären, mit Greifenköpfen verzierten Dreifüßen und Kesseln, die letztlich auf zentralasiatischen Vorbildern beruhten, belegen die Existenz von Handelsrouten, die von Zentralasien über Anatolien und Syrien bis zum Mittelmeer verliefen. Der größte Teil des neuen Handels wurde jedoch auf dem Seeweg abgewickelt, und den sicherten sich die phönizischen Stadtstaaten. Vieles ist rätselhaft an den Phöniziern. Es ist keine phönizische Literatur überliefert, also kennt man sie nur durch das, was die Völker, denen sie begegneten, über sie erzählten; und vieles davon ist feindselig und hebt seltsame Bräuche hervor, wie etwa den Molk, den am besten in Karthago bezeugten Brauch, während Krisen dem Baal Hammon und seiner Gemahlin Tanit Kinder zu opfern. Sogar ihr Name – Phönizier, »Purpurvolk« – ist fremd; er wurde ihnen von den Griechen gegeben, die sie mit den reichen Textilien in Verbindung brachten, die mit dem purpurnen Farbstoff gefärbt waren. Diesen stellten sie aus einer Schnecke namens Murex her, die in großer Zahl an phönizischen Fundorten im gesamten Mittelmeerraum gefunden wurde.

Klar ist, dass die Phönizier, deren Expansionsmöglichkeiten in das Innere Westasiens durch die Küstengebirge der Levante abgeschnitten waren, nach Westen über das Mittelmeer nach Handelsmöglichkeiten Ausschau hielten, und sie wurden schnell zu bekannten Figuren im gesamten östlichen Mittelmeerraum. Homer kannte sie als gewiefte Händler aus der Stadt Sidon, die den Griechen spektakuläre Textilien, Metallwaren und Schmuck brachten, die aber auch verräterische Sklavenhändler waren. Das Bild in der Bibel ist positiver. Laut dem Autor des *Ersten Buches der Könige* arbeitete der König von Tyros mit Salomon beim Bau des ersten Tempels in Jerusalem zusammen und half dem judäischen König beim Bau von Schiffen für Handelsexpeditionen im Roten Meer (1. Könige 5,1–12; 10,11–22). Das umfassendste Bild des phönizischen Handels in seiner Blütezeit liefert jedoch der Prophet Ezechiel / Hesekiel aus dem 6. Jahrhundert v. Chr. Er beschreibt anschaulich den Reichtum, den Tyros aus einem Handelsnetz bezog, das sich von Anatolien im Norden bis nach Ägypten im Süden und westwärts bis zur Atlantikküste Südspaniens erstreckte:

> Als du deinen Handel auf dem Meer triebst, da machtest du viele Länder satt, mit der Menge deiner Güter und Waren machtest du reich die Könige auf Erden.
>
> Ezechiel / Hesekiel 27,33

Abb. 3: Der Hauptbeleg für den Molk, den punischen Brauch, Kinder in Krisenzeiten dem Baal Hammon und seiner Gemahlin Tanit zu opfern, sind die Tophets (Kinderfriedhöfe) in Karthago und anderen Siedlungen im westlichen Mittelmeerraum. Diese Stele aus dem Tophet von Karthago zeigt einen Priester, der ein Kind trägt, das für die Opferung bestimmt ist.

Das hier beschriebene Handelsnetz brauchte Jahrhunderte, um sich zu entwickeln. Von ihren ersten Siedlungen auf Zypern im 9. Jahrhundert v. Chr. über Malta, Westsizilien und Sardinien zogen die Phönizier in der frühen Eisenzeit stetig nach Westen in Richtung Spanien. Das Zentrum der intensivsten phönizischen Aktivität im Westen war jedoch Nordafrika. Fast zwei Jahrhunderte lang, seit ihrer Gründung im frühen 8. Jahrhundert v. Chr., fungierten die ersten phönizischen Siedlungen in der Region – Utica und Karthago im heutigen Tunesien, Gades (das heutige Cádiz) im Südwesten der Iberischen Halbinsel und Lixus (beim heutigen Larache) an der Atlantikküste Marokkos – in erster Linie als Glieder der Seeroute, die ihre Mutterstadt Tyros mit dem Metallhandel des fernen westlichen Mittelmeers und den Atlantikküsten Europas mit ihren reichen Zinn- und vor allem Silberquellen verband.

Um späteren Ereignissen vorzugreifen, löste Karthago seine Mutterstadt Tyros nach deren Eroberung durch die Babylonier im Jahr 573 v. Chr. als Oberherrin der phönizischen Siedlungen in Nordafrika und dem westlichen Mittelmeer ab. Im 5. Jahrhundert v. Chr. erstreckte sich der karthagische Einfluss vom heutigen Tunesien bis zum Atlantik in Nordafrika und über das Mittelmeer bis zum westlichen Sizilien und Sardinien. Im eigenen Land hörte Karthago auf, Tribut an seine libyschen Nachbarn zu zahlen und dehnte sein Territorium nach Süden und Westen aus, wodurch schnell ein Reich entstand, das alle phönizischen Siedlungen bis zum Atlantik einschloss.

Die Schaffung des Karthagischen Reiches verbreitete die phönizische Sprache, Kultur und Institutionen in ganz Nordafrika und veränderte das gesellschaftliche und kulturelle Leben der libyschen Bevölkerung der Region. Die Ergebnisse waren am deutlichsten in den Städten des Karthagischen Reiches zu sehen. Diese wurden von einer gemischten Oberschicht aus Phöniziern und akkulturierten Libyern regiert, die von griechischen und römischen Schriftstellern Libyphönizier genannt wurden. Die militärischen Bedürfnisse des Karthagischen Reiches begünstigten auch die Entstehung der ersten libyschen Königreiche in Nordafrika. Da Karthago nicht genügend Arbeitskräfte hatte, um seinen militärischen Bedarf zu decken, verließ es sich auf Söldner und verbündete Truppen, die von Stammesbündnissen in den benachbarten Regionen Nordafrikas rekrutiert wurden, und die Häuptlingsfamilien der dominanten Stämme in diesen Bündnissen wurden zu den königlichen Familien der neuen Königreiche. Sobald diese Königreiche schließlich im 3. Jahrhundert v. Chr. in den Quellen auftauchen, stellen wir fest, dass ihre Regierungen und Kulturen stark von Karthago beeinflusst worden waren.

Nicht nur in Nordafrika, sondern überall, wo sie hinkamen, verbreiteten phönizische Händler und Siedler ihre Version der westasiatischen Kultur, einschließlich der Kulte von Göttern wie dem Sonnengott Melqart und der Fruchtbarkeitsgöttin Tanit, der Eisentechnologie, des Bronzegusses, einer eklektischen Kunst, die ägyptische und syrische Elemente mischte, und vor allem ihres Alphabets, das leicht angepasst wurde, um eine Vielzahl von Sprachen von Spanien bis Anatolien zu schreiben. Die phönizische Expansion nach Westen hatte ihren größten Einfluss jedoch in der Ägäis.

Der griechische Aufschwung nach dem Zusammenbruch der mykenischen Königreiche war bereits in vollem Gang, als die Phönizier im frühen 8. Jahrhundert v. Chr. begannen, das ägäische Becken zu erkunden, wahrscheinlich auf der Suche nach Metallvorkommen. Zu diesem Zeitpunkt hatten griechische Siedler die Westküste Anatoliens zurückerobert und gründeten neue Siedlungen in der gesamten Ägäis, auf den Inseln Zypern und Rhodos. Auch eine politische Revolution war in der gesamten Region im Gange. Die dezentralen, aus den Trümmern der mykenischen Königreiche hervorgegangenen Kleinmonarchien waren praktisch verschwunden; sie wurden durch die ersten von schließlich mehr als 1000 Poleis ersetzt, der einzigartigen griechischen Stadtform.

Obwohl sie winzig waren, hatten die frühen Poleis bereits die Besonderheit, völlig unabhängige Stadtstaaten zu sein. Mit wenigen Ausnahmen bestand jede aus einem ummauerten zentralen Ort, der ein kleines landwirtschaftliches Hinterland dominierte, das selten mehr als 250 Quadratkilometer groß war. Im Einklang mit ihrer geringen Größe waren ihre Regierungen einfach, sie wurden von aristokratischen Oligarchien regiert, die von Bürgergremien unterstützt wurden, die sich aus den erwachsenen männlichen Mitgliedern der autarken landwirtschaftlichen Haushalte zusammensetzten. Die Pflichten der Bürger waren gering, in erster Linie die Verteidigung ihrer Stadt und die Zeugung der nächsten Generation von Bürgern mit ihren Ehefrauen. Bürgerfrauen waren durch ihre Zugehörigkeit zu einem Polishaushalt vor Außenstehenden geschützt, aber sie erreichten nie einen aktiven Erwachsenenstatus, sondern standen immer unter der Vormundschaft männlicher Verwandter – des Vaters, des Ehemanns oder sogar des Sohns. Unterhalb des privilegierten Kreises der Bürger befanden sich die landlosen Armen und eine wachsende Zahl von Sklaven, die ihren Lebensunterhalt als abhängige Arbeiter bestreiten mussten, geschützt nur durch die wankelmütige Gerechtigkeit der Götter.

Der Kontakt mit den Phöniziern führte zu grundlegenden Veränderungen in der Kultur der neuen Poleis. Vorderasiatischer Luxus von Textilien bis hin zu Schmuck verbreitete sich in der Ägäis. Künstlerische Themen, die naturalistische Formen betonten, welche aus Westasien und Ägypten entliehen wurden, ersetzten die geometrischen Stile, welche die nachmykenische griechische Kunst dominiert hatten. Phönizische Kunsthandwerker ließen sich in verschiedenen Siedlungen der Ägäis nieder, darunter Kreta und Rhodos, und führten die griechischen Kunsthandwerker in neue Techniken der Bearbeitung von Metallen, Elfenbein und anderen Materialien ein. Die Phönizier waren wahrscheinlich auch die Vermittler bei der Übertragung von nahöstlichen Mythen an die Griechen. Das in seiner Wirkung revolutionärste phönizische Geschenk an die Griechen war jedoch das Alphabet.

Nach fast einem halben Jahrtausend begannen die Griechen im 8. Jahrhundert v. Chr. wieder zu schreiben, allerdings auf eine neue Art und Weise. Das phönizische Alphabet drückte nur Konsonanten aus; das war kein ernsthaftes Problem für Menschen, die semitische Sprachen nutzten, da für sie Konsonanten die Kernbedeutung eines Wortes tragen, Vokale hingegen sekundäre Bedeutungsaspekte wie Zeitform, Zahl, Geschlecht, die oft schon aus dem Kontext ersichtlich sind. Ein solches System konnte jedoch nicht für eine indoeuropäische Sprache wie Griechisch funktionieren, in der Wortwurzeln sowohl aus Konsonanten als auch aus Vokalen zusammengesetzt sind. Eine einzige Änderung löste jedoch das Problem. Einige Buchstaben des phönizischen Alphabets repräsentierten Laute, die im Griechischen nicht verwendet wurden. Die Anpassung dieser Buchstaben, um Vokale auszudrücken, ermöglichte es der griechischen Version des Alphabets, jeden Laut in der griechischen Sprache darzustellen und gleichzeitig den Prozess des Schreibenlernens zu vereinfachen. Dank dieser beiden Entwicklungen waren die Griechen von der Kontrolle der Alphabetisierung durch die Schreiber befreit, die alle früheren Zivilisationen charakterisiert hatte: Zum ersten Mal waren Privatpersonen in der Lage, schriftliche Texte zu erstellen. Der persönliche Charakter der alphabetischen Schrift in Griechenland bedeutete, dass es sogar für Frauen aus der Oberschicht wie der Dichterin Sappho von Lesbos möglich war, Gedichte mit einem ausgeprägt weiblichen Standpunkt zu schreiben, wie dieses Gedicht mit seinem sanften Spott über aristokratische kriegerische Werte:

> Die einen sagen: ein Heer von Reitern, die anderen: von Fußsoldaten / andere wiederum: von Schiffen sei auf der schwarzen Erde / das Schönste – ich aber (sage): das, / wonach sich einer in Liebe sehnt!
>
> Sappho, *Fragment* 16,1–4, übers. Bierl 2021, 19

Es bedeutete auch, dass das Spektrum der frühen griechischen schriftlichen Texte ungewöhnlich breit war, von transkribierter mündlicher Poesie wie den homerischen und hesiodischen Epen und lyrischen Liedern wie denen von Sappho bis hin zu öffentlichen Dokumenten wie Gesetzen und sogar ephemeren Texten wie Graffiti. Damit war der Grundstein für die Entstehung der griechischen Literatur und Philosophie gelegt.

Wie Phönizien war auch Griechenland ein kleines, armes Gebiet mit wenig gutem Ackerland und wenigen Ressourcen. Als die Bevölkerung wuchs, mussten die Griechen außerhalb des griechischen Heimatlandes nach neuen Möglichkeiten und Ressourcen suchen, insbesondere nach Metallen. Das Ergebnis war eine der außergewöhnlichsten Migrationen in der antiken Geschichte, eine Wanderungsbewegung, die etwa in der Mitte des 8. Jahrhunderts v. Chr. begann und über zweihundert Jahre lang anhielt. Der Auslöser, der diese Auswanderung der Griechen aus ihrer ägäischen Heimat in Gang setzte, ist umstritten: Waren es Landhunger, der Bedarf an Metallen, Handel und die Flucht vor expandierenden Großmächten wie Lydien und Persien? Was jedoch nicht angezweifelt wird, ist das Ergebnis. Einzelne Griechen wurden im gesamten Mittelmeerraum zu bekannten Figuren; überall waren Griechen als Händler, Sklavenhändler, Piraten und Söldner anzutreffen. Der Großteil der Auswanderer schloss sich jedoch Expeditionen an, die neue Poleis gründen sollten. Als die Auswanderungswellen schließlich um 500 v. Chr. endeten, hatte sich das griechische Siedlungsgebiet vom ägäischen Becken auf ein riesiges Gebiet ausgedehnt, das sich von Ostspanien im Westen über Südfrankreich, Süditalien und Ostsizilien bis zu den Küsten des Schwarzen Meeres erstreckte.

Die Auswirkungen der griechischen Auswanderung waren weitreichend, aber ihr Charakter variierte von Region zu Region. Obwohl Ägypten und andere afro-asiatische Staaten stark genug waren, um die griechischen Aktivitäten in ihren Territorien streng zu kontrollieren, war die Bedeutung groß, einschließlich der Einführung der Griechen in die Technologie, die zur Schaffung von großformatigen Steinskulpturen und monumentaler Architektur notwendig war. In einigen wenigen Gebieten wie Sizilien und Süditalien gelang es den Griechen, die einheimische Bevölkerung zu unterwerfen. An Orten wie Gallien und dem Schwarzen Meer jedoch behielt die einheimische Bevölkerung die Oberhand, und das Vorhandensein von griechischen Luxusgütern in Gräbern der lokalen Oberschicht veranschaulicht die diplomatischen Kontakte, die es den griechischen Siedlungen an den Küsten ermöglichten, zu überleben und ihre Händler und Handwerker im Landesinneren arbeiten zu lassen. Am folgenreichsten war jedoch die Begegnung der Griechen mit den Etruskern in West- und Mittelitalien.

Die Etrusker sprachen eine nicht-indoeuropäische Sprache, von der keine Verwandten in Italien oder dem restlichen Europa bekannt

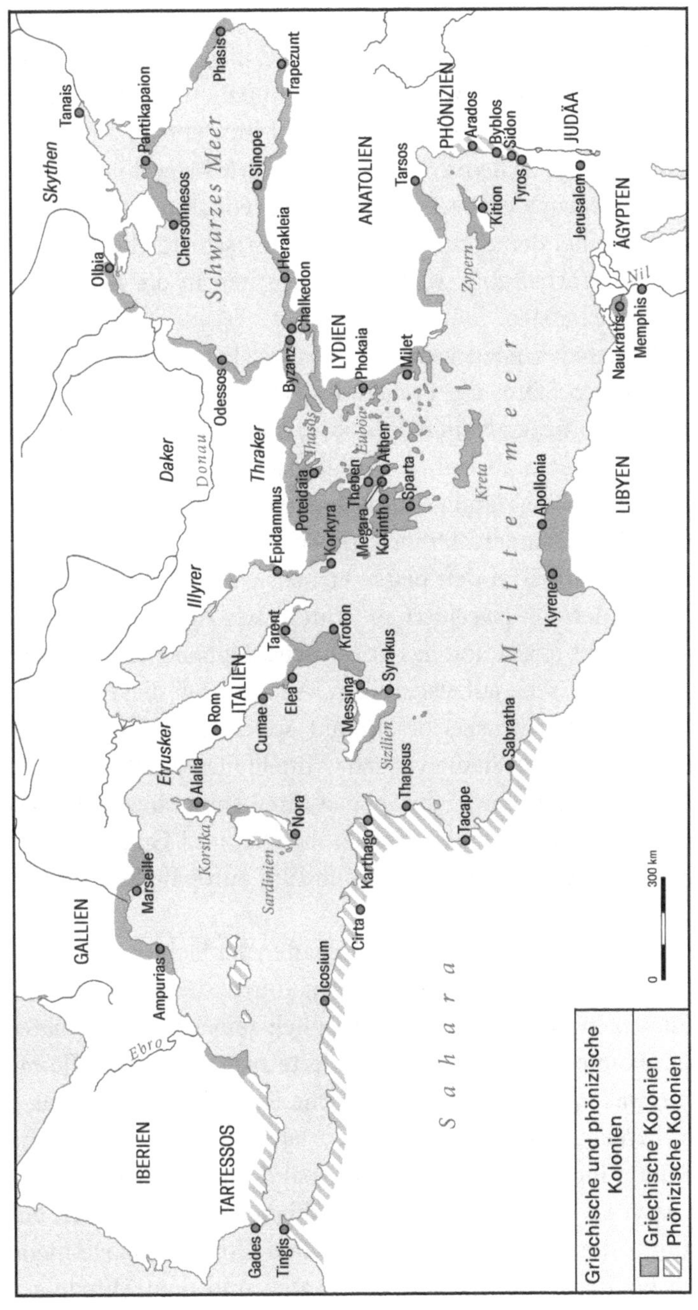
Griechische und phönizische Kolonien
Griechische Kolonien
Phönizische Kolonien
0
300 km
Skythen
Tanais
Pantikapaion
Phasis
Trapezunt
Schwarzes Meer
Chersonnesos
Sinope
Olbia
Herakleia
Chalkedon
Byzanz
Odessos
Daker
Donau
Thraker
Illyrer
Epidammus
Poteidaia
Thasos
Korkyra
Megara
Theben
Korinth
Athen
Euböa
Sparta
LYDIEN
Phokaia
Milet
ANATOLIEN
Tarsos
PHÖNIZIEN
Arados
Byblos
Sidon
Tyros
Kition
Zypern
JUDÄA
Jerusalem
ÄGYPTEN
Nil
Naukratis
Memphis
Kreta
Mittelmeer
Apollonia
Kyrene
LIBYEN
Tarent
Kroton
ITALIEN
Rom
Cumae
Elea
Messina
Syrakus
Sizilien
Thapsus
Sabratha
Tacape
Etrusker
Alalia
Korsika
Nora
Sardinien
Karthago
Marseille
GALLIEN
Ampurias
Ebro
Cirta
Icosium
Sahara
IBERIEN
TARTESSOS
Gades
Tingis

waren. Im Laufe des 8. Jahrhunderts v. Chr., als die Griechen begannen, sich in Sizilien und Süditalien niederzulassen, entwickelten sich die etruskischen Dörfer weiter nördlich in Italien zu Stadtstaaten, die von Priesterkönigen regiert wurden und im Zentrum von Handelsrouten lagen, die sich von Sardinien im Mittelmeer durch die Alpen nach Mitteleuropa erstreckten. Es waren jedoch die reichen Metallvorkommen bei den Etruskern und die fortschrittliche Technologie der Metallverarbeitung, welche die Griechen in die neuen etruskischen Städte lockten.

Die Griechen fanden vieles an den Etruskern seltsam, einschließlich des hohen Status der Frauen der etruskischen Oberschicht, die mit den männlichen Mitgliedern ihrer Familien freien Umgang hatten. Sie fürchteten auch ihre seemännischen Fähigkeiten, dennoch waren griechische Händler und Handwerker im gesamten etruskischen Italien zu finden. Tempel und Skulpturen im griechischen Stil erschienen schnell in den neuen etruskischen Städten, etruskische Götter wurden mit griechischen Göttern wie Apollon, Artemis und Herakles identifiziert und das griechische Alphabet wurde adaptiert, um das Etruskische aufzuschreiben. Auch waren diese Entwicklungen nicht auf die Etrusker beschränkt, sondern die Etrusker verbreiteten sie ihrerseits in Städten in ganz Mittelitalien wie Rom. Innerhalb eines Jahrhunderts hatten die Schüler ihre Lehrer eingeholt, als etruskische Kaufleute begannen, mit Phöniziern und Griechen im Handel im gesamten Mittelmeerraum und im europäischen Hinterland zu konkurrieren.

Die bemerkenswerten Errungenschaften der kleinen Staaten an der westlichen Peripherie Asiens wurden durch die Abwesenheit von Großmächten im Landesinneren möglich gemacht, die sie hätten bedrohen können. Diese Situation änderte sich mit dem Aufkommen dessen, was man als das Neuassyrische Reich bezeichnet. Das erste Anzeichen einer Gefahr begann im 9. Jahrhundert v. Chr., als die Assyrer unter ihren Königen Assurnasirpal II. und Salmanassar III. aus dem assyrischen Stammland im nördlichen Mesopotamien aufbrachen, um die assyrische Macht von den Grenzen Babyloniens im Süden bis nach Südanatolien im Norden und dem Mittelmeer im

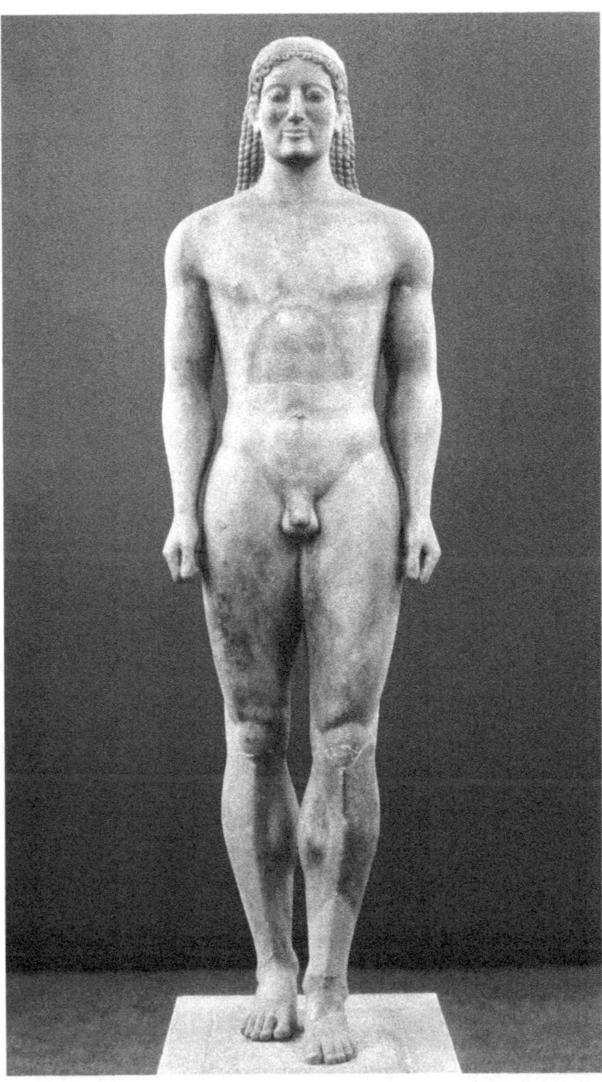

Abb. 4: Wie andere archaische griechische Statuen wurde der Kroisos-Kouros (auch als Kouros von Anavyssos bekannt) nach traditionellen ägyptischen Statuen modelliert; dafür sprechen die zweiseitige Symmetrie, die an den Seiten gehaltenen Arme und das vorgeschobene linke Bein. Die Kombination des ägyptischen Einflusses auf die Statue und die Tatsache, dass ihr athenischer Besitzer nach dem lydischen König Kroisos benannt wurde, spiegelt die umfangreichen politischen und kulturellen Interaktionen im östlichen Mittelmeerraum während des 6. Jahrhunderts v. Chr. wider.

Westen auszudehnen. Ihre Erfolge erwiesen sich jedoch als kurzlebig. Ein Bündnis der Kleinstaaten Syriens und der Levante, angeführt vom Königreich Damaskus, konnte Assyriens Vormarsch nach Westen vorübergehend stoppen, während die Bedrohung durch eine neue Macht, das Königreich Urartu im heutigen Armenien, die assyrische Aufmerksamkeit nach Nordosten lenkte und das überforderte Reich unfähig machte, mit den Rebellionen fertig zu werden, die nach dem Tod von Salmanassar III. ausbrachen.

Ein halbes Jahrhundert später, in der Mitte des 8. Jahrhunderts v. Chr., kehrten die Assyrer zurück, aber in eine ganz andere Welt. Zusätzlich zu ihrem alten Feind Urartu, der die Schwäche der Assyrer ausgenutzt hatte, um seinen Einfluss tief in Nordsyrien auszudehnen, waren gewaltige neue Mächte erschienen. Im Osten hatten die Meder, indoeuropäische Einwanderer aus Zentralasien, ein locker organisiertes Königreich errichtet, das viele der anderen iranischen auf der iranischen Hochebene lebenden Stämme einbezog und Assyriens Ostgrenze bedrohte. Im Nordwesten, in Zentral- und Westanatolien, besetzten die Königreiche Phrygien und Lydien die Kerngebiete des Hethitischen Reiches des 2. Jahrtausends v. Chr. und konnten potenzielle Rebellen unter Assyriens südanatolischen Untertanen unterstützen. Die größte Bedrohung für die assyrischen Interessen in Westasien war jedoch, dass Ägypten wieder als Großmacht auftrat.

Dies war das Werk der nubischen Könige (Kuschiten) der 25. Dynastie. Unterstützt von der Priesterschaft des Gottes Amun in Theben, vereinigten sie Ägypten wieder, verdrängten die libyschen Häuptlinge, die Ägypten über zwei Jahrhunderte lang beherrscht hatten, und verbanden Ägypten und das Königreich von Kusch zu einem einzigen Staat. Das Ergebnis war die praktische Wiedererschaffung eines großen Reiches. Dieses sogenannte Neue Reich erstreckte sich über 1500 km von der Nähe des heutigen Khartum im Süden bis zum Mittelmeer im Norden. Innerhalb Ägyptens markierte die 25. Dynastie eine Periode des politischen und kulturellen Aufschwungs in Ägypten. Lokale Dynasten wurden der königlichen Autorität untergeordnet und das Militär wurde gestärkt. Tempelbau und königliche Kunst lebten wieder auf. Das Gleiche gilt für die

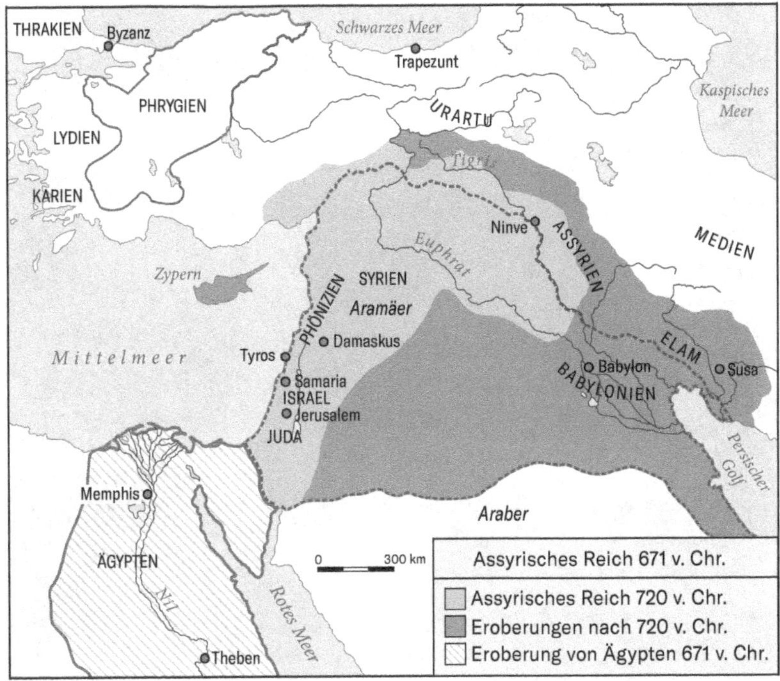

theologische Literatur, die sich durch die Nachahmung archaischer ägyptischer Stile und hochwertige Verarbeitung auszeichneten. Die Ambitionen der Könige der 25. Dynastie, den ägyptischen Einfluss in Syrien-Palästina wieder geltend zu machen, erhöhten jedoch unweigerlich auch das Risiko eines verhängnisvollen Zusammenstoßes mit den Assyrern.

Seit der Mitte des 8. Jahrhunderts v. Chr. reagierten die Assyrer auf die neue Situation mit einem Wirbelsturm von militärischen Vorstößen, die fast ein Jahrhundert lang andauerten. In rascher Folge besiegten sie ihre Hauptfeinde Babylon, Elam, Urartu und die neuhethitischen Königreiche in Syrien und Südanatolien. Als sich die Völker des südlichen Syriens und Palästinas an Ägypten wandten, um Unterstützung zu erhalten, zerschlugen die Assyrer auch Ägypten und trieben die Könige der 25. Dynastie zurück nach Nubien, wo ihre Nachfolger zu den Herrschern des ersten großen Reiches im afrikanischen Bin-

Abb. 5: Diese Sphinx mit den Gesichtszügen des Königs Tarharqo aus der 25. Dynastie wird auf etwa 680 v. Chr. datiert und stammt aus der Stätte von Kawa im Zentralsudan, dem Standort eines der vier wichtigsten Amun-Tempel in Nubien. Die nubischen Gesichtszüge des Königs zusammen mit seiner Krone zeigen, wie die Kuschiten ägyptische Kunststile adaptierten, um nubische Werte auszudrücken.

nenland wurden. Auf dem Höhepunkt ihrer Macht während der Herrschaft des Königs Assurbanipal in der Mitte des 7. Jahrhunderts v. Chr. herrschten die Assyrer über das bis dahin größte Reich im Nahen Osten, das den westlichen Iran, ganz Mesopotamien, Südanatolien, Syrien, Phönizien, Palästina und Ägypten umfasste.

Abb. 6: Die assyrische Armee war die höchstentwickelte Militärmacht ihrer Zeit. Dieses Relief aus dem 9. Jahrhundert v. Chr. aus dem königlichen Palast in Nimrud veranschaulicht ihre effiziente Belagerungstechnologie. Es zeigt einen mobilen gepanzerten Rammbock, der die Mauern einer belagerten Stadt untergräbt, während Bogenschützen auf einem nahegelegenen Belagerungsturm die Stadt verteidigen.

Die Assyrer hinterließen einen bemerkenswert gemischten Ruf. Einerseits sahen sich die Perser und nach ihnen die Griechen, Makedonen und Römer als die legitimen Nachfolger der Assyrer als Herrscher der Oikumene, der ihnen bekannten zivilisierten Welt. Andererseits waren die Assyrer für eine in der antiken Welt einzigartige Schrecklichkeit bekannt, ein Ruf, den sie nicht leugneten. Ganz im Gegenteil, die assyrische königliche Kunst ist voll von grausigen Bildern gefolterter und geschlachteter Feinde, während assyrische königliche Inschriften sich des Terrors rühmen, den ihre Armeen anrichteten. Ein Beispiel soll genügen. Der König Asarhaddon aus dem frühen 7. Jahrhundert v. Chr. freute sich über das Schicksal von Sanduarri, dem König von Kundi und Sizu, dessen Kopf er abschlug:

> Ich hängte (die Köpfe) um den Hals ihrer Häuptlinge und schritt dann mit Sängern und Harfen(-spielern?) zum offenen Platz von Ninive.
>
> Asarhaddon, Prisma B, 37–38, übers. n. Campbell Thomson 1931, 18

Dennoch bleibt die Tatsache bestehen, dass die Assyrer eine neue Art von Reich geschaffen hatten, die als Modell für alle ihre Nachfolger diente. Anders als frühere Reiche des Nahen Ostens, die lose organisierte Eroberungsstaaten waren, die in erster Linie der Bereicherung des herrschenden Volkes dienten, war das Neuassyrische Reich straff strukturiert. Außerhalb von Assyriens Kerngebiet und entfernten Untertanen wie den phönizischen Stadtstaaten und Ägypten, die von tributpflichtigen Vasallenkönigen regiert wurden, war das eroberte Gebiet in Provinzen organisiert, die von assyrischen Gouverneuren verwaltet wurden, die für die Aufrechterhaltung der Ordnung, die Verwaltung des Rechts und die Erhebung der Steuern verantwortlich waren. Außerdem rechtfertigte zum ersten Mal in der Geschichte des Nahen Ostens eine umfassende imperiale Ideologie die Schaffung eines Reiches. Der assyrische König war nicht nur der Herrscher des Reiches. Er war auch Priester des Sturmgottes Assur, des Hauptgottes der alten assyrischen Hauptstadt Assur, und als solcher hatte er vor allem Assurs kosmischen Plan zu erfüllen, indem er die Herrschaft des Gottes über die Welt ausweitete. So wie die königlichen Armeen die Völker der Herrschaft Assurs unterwarfen, so symbolisierten Massenjagden auf Löwen, Elefanten und andere Tiere die Eroberung der Natur und beschleunigten nebenbei die Ausrottung der Megafauna Westasiens. Widerstand und Rebellion waren daher ein Sakrileg und die Gräueltaten, die in der assyrischen Königskunst so anschaulich dargestellt und in den assyrischen Inschriften beschrieben wurden, waren die gerechtfertigte Strafe für diejenigen, die sich Assurs Willen widersetzten.

Assurs Willen zu erfüllen und ihn mit prächtigen Tempeln und Palästen zu verherrlichen, erforderte riesige Ausgaben und eine enorme Anzahl von Arbeitern und Soldaten, weit mehr als das assyrische Kerngebiet liefern konnte. Um den Bedarf an Arbeitskräften und Soldaten zu decken und auch um Aufstände zu verhindern, griffen die assyrischen Könige zu Massendeportationen von eroberten Völkern. Frühere Staaten des Nahen Ostens hatten eroberte oder rebellische Völker auch schon deportiert, aber die assyrischen Deportationen erreichten ein noch nie da gewesenes Ausmaß. König Sargon II.

verschleppte nach der Eroberung des Königreichs Israel im Jahr 720 v. Chr. 27 900 Israeliten nach Assyrien (Prunkinschrift Sargons II., 24, übers. Winckler 1889, 101) und ersetzte sie durch Völker, die aus anderen Teilen des Reiches umgesiedelt wurden.

Die Gesamtzahl der von den Assyrern deportierten Menschen ist nicht bekannt – Schätzungen gehen von bis zu 4,5 Millionen aus –, aber die Folgen veränderten den Nahen Osten gesellschaftlich und kulturell. Ganze Völkerschaften wie die Neuhethiter verschwanden und verloren ihre Identität, als sie mit der allgemeinen Bevölkerung ihrer neuen Heimat verschmolzen. Die Verschmelzung von Bevölkerungen und Regierungen verbreitete auch die assyrische königliche Kunst und Ideologie in ganz Westasien und im östlichen Mittelmeerraum und lieferte Modelle für die babylonischen und persischen Nachfolger der Assyrer. Ebenso wie Elemente des Lebensstils der assyrischen Oberschicht, wie das Essen im Liegen, das sowohl von den Griechen als auch von den Juden übernommen wurde, die es in das Ritual des Pessach-Seders aufnahmen. Vor allem aber bedeutete die massenhafte Umsiedlung der Aramäer im gesamten Reich den Anfang vom Ende des Akkadischen als Regierungs- und Kultursprache. An seiner Stelle wurde Aramäisch, das mit dem phönizischen Alphabet anstelle der schwerfälligen antiken Keilschrift geschrieben wurde, zur neuen gemeinsamen Sprache des Nahen Ostens.

Der Aufstieg des Neuassyrischen Reiches löste auch eine Wiederbelebung des Fernhandels aus, um den luxuriösen Lebensstil der assyrischen Oberschicht zu unterstützen. Direkte Belege für diesen Handel fehlen, aber indirekte Hinweise in Form von Gegenständen und Materialien und der Terminologie für ausländische Waren, insbesondere in der Bibel und der frühen griechischen Literatur, sind vorhanden und aufschlussreich. Wie immer spielten die Phönizier eine wichtige Rolle und versorgten die Assyrer mit Zedernholz und Elfenbein aus Syrien und der Levante für Bau- und Schmuckzwecke sowie mit Edelmetallen – vor allem Silber – aus dem westlichen Mittelmeerraum. Aber die Phönizier waren nicht die einzigen Lieferanten. Häufige Hinweise auf verschiedene Formen von Spezereien wie Weihrauch und Myrrhe aus Südarabien – dem heutigen Jemen und Oman – zeugen von der Eröffnung von Karawanenrouten von Südwestarabien zum Mittelmeer. Wann dies geschah, ist umstritten. Die biblische Geschichte von Salomon und der Königin von Saba – im Königreich Sa'ba, das den südlichen Endpunkt der Karawanenrouten kontrollierte – spricht für das 10. Jahrhundert v. Chr., aber die archäologischen Zeugnisse und das südarabische Alphabet, das von einem syro-palästinensischen Alphabet abgeleitet ist, welches mit dem phönizischen Alphabet verwandt, aber nicht identisch ist, legen beide ein Datum im 8. Jahrhundert v. Chr. für den Ursprung des Handels und der südarabischen Königreiche nahe, die dadurch reich wurden.

In ähnlicher Weise ist das Wiederauftauchen von Lapislazuli in nahöstlichen Schmuckstücken ein klarer Beleg für die Wiedereröffnung der Handelsroute durch den Iran und Zentralasien zu den Lapis-Minen in Baktrien – dem heutigen Afghanistan –, die seine einzigen antiken Quellen waren. Schließlich bezeugen biblische und frühgriechische Hinweise auf südostasiatische Gewürze wie Zimt und Kassia zusammen mit ihren einheimischen Namen die Existenz von Seewegen, die das Mittelmeer mit Süd- und Südostasien verbanden. Die vagen Informationen über die Herkunft vieler dieser Produkte in den antiken Quellen sind freilich ein klarer Beleg dafür, dass nur wenige oder gar keine Händler die gesamte Route zwischen der Quelle vieler dieser Produkte und ihren nahöstlichen und mediterranen Verbrauchern reisten. Es bleibt jedoch die Tatsache, dass zum ersten Mal seit dem späten 2. Jahrtausend v. Chr. ein großer Teil von Afro-Eurasien durch ein umfangreiches, wenn auch noch fragiles Netzwerk von Handelsrouten verbunden war, das sich entwickelte, um die Nachfrage der Oberschicht des Assyrischen Reiches zu befriedigen.

Im Westen hatte der verstärkte Kontakt mit phönizischen, griechischen und etruskischen Händlern dramatische Folgen. Der groß angelegte Silberabbau im Südwesten Spaniens in der Nähe des heutigen Cádiz förderte die Entwicklung eines reichen einheimischen Königreichs, das die Griechen als Tartessos und die Phönizier und Juden als Tarshish kannten. In ähnlicher Weise markieren kleine Gruppen reicher Gräber voller lokaler und importierter mediterraner Luxusgüter und befestigter Wohnstätten der Oberschicht, die vom Schwarzen

Meer bis nach Frankreich an strategischen Punkten der Handelsrouten ins europäische Hinterland liegen, das Auftreten der Kriegerhäuptlinge, die für die Kultur charakteristisch sind, die man nach dem wichtigsten Fundort als Hallstatt-Kultur bezeichnen. Ebenso hatte, wie bereits erwähnt, die Öffnung des Weihrauchhandels ähnlich dramatische Auswirkungen in Südarabien, wo Sa'ba und andere Königreiche entstanden.

Weiter östlich, in Südasien, war die Situation jedoch anders. Zwar ist unbekannt, wie Gewürze wie Zimt von ihren Quellen in Indonesien in den Nahen Osten gelangten, doch steckte der Handel selbst noch in den Kinderschuhen und war daher zu klein, um bedeutende gesellschaftliche und politische Auswirkungen in Indien zu haben. Stattdessen setzte sich die allmähliche Umgestaltung Nordindiens, die im vorherigen Kapitel beschrieben wurde, in der frühen Eisenzeit fort. Belege für diese Entwicklungen finden sich in den rituellen und liturgischen Texten, die als *Veden* bekannt sind, in den beiden Epen – dem *Mahabharata* und dem *Ramayana* – sowie in verstreuten Hinweisen in späteren religiösen Texten und in der Archäologie. Die Tatsache, dass der Grammatiker Panini aus dem 5. Jahrhundert v. Chr. auf 69 Staaten verweisen konnte, die zu seiner Zeit existierten, deutet darauf hin, dass es vor seiner Zeit in ganz Nordindien zu einer umfassenden politischen Fragmentierung gekommen war.

Die neuen Staaten nahmen zwei Formen an. Im Ganges-Tal dominierten Königreiche, die von Kshatriya-Königen regiert wurden, welche mit Brahmanen-Priestern verbündet waren, während in der Hochland-Peripherie des Tals und im Indus-Tal Staaten vorherrschten, die man heute als »Clan-Staaten« charakterisiert. Clan-Staaten wurden von nicht-erblichen Kshatriya-Häuptlingen regiert, die von Versammlungen unterstützt wurden, die aus den Oberhäuptern der patrilinearen Clans bestanden, die sich aus Familien der ersten drei Varnas zusammensetzten. Auch wenn die Details verloren gegangen sind, lassen drei Punkte keinen Zweifel daran, dass der Prozess der Staatsbildung in der frühen Eisenzeit gewalttätig war: Es sind dies die Legende vom Krieg der Pandevas, die im *Mahabharata* erzählt wird, dann ein prestigeträchtiges königliches Ritual, das Pferdeopfer, bei dem ein König das gesamte Territorium beanspruchte, durch das ein weißes Pferd in einem Jahr ritt, bevor es geopfert wurde, und schließlich die Tatsache, dass Eisen in Indien zuerst für Waffen statt für Werkzeuge wie im Westen verwendet wurde.

Das wichtigste Ergebnis war die Konsolidierung des Varna-Systems durch die endgültige Trennung der Mitglieder der ersten drei Varnas – Brahmanen, Kshatriyas und Vaishyas – von der vierten, der Diener-Varna, den Shudras, durch das Privileg, »doppelt geboren« zu sein, das heißt, in die Rituale des Vedismus eingeweiht zu werden. Die verstärkte Unterordnung der Frauen unter ihre männerdominierten Familien wird auch durch den ersten Hinweis auf Sati angedeutet, die Verpflichtung einer Witwe, sich zu heiligen, indem sie auf dem Scheiterhaufen ihres Mannes geopfert wird. Die Tatsache, dass Witwen wieder heiraten konnten, deutet jedoch darauf hin, dass die Opferung immer noch primär symbolisch war. Schließlich wurde das Korpus der *Veden* vervollständigt und die Grundlagen der indischen Mathematik und Astronomie wurden von brahmanischen Gelehrten geschaffen, welche die Opferplätze und Altäre genau anlegen und die genauen Zeiten der Rituale bestimmen mussten. Diese Veränderungen blieben für das gesellschaftliche und kulturelle Leben Indiens während seiner gesamten späteren Geschichte von zentraler Bedeutung.

Noch mehr als Südasien blieb Ostasien in den ersten Jahrhunderten des 1. Jahrtausends v. Chr. von den Entwicklungen in Westeurasien isoliert. Die Zhou-Dynastie, die zu Beginn des Jahrtausends eine herausragende Stellung in Nordchina innehatte, war die am längsten regierende Dynastie in der chinesischen Geschichte. Der Legende nach war die Vorfahrin der Westlichen Zhou eine Frau namens Jiang Yuan, die schwanger wurde, indem sie in die Fußabdrücke des Shang-Hochgottes Di trat, wodurch eine verwandtschaftliche Verbindung zwischen den Zhou und ihren illustren Vorgängern hergestellt wurde. Wie dem auch sei, ein Jahrhundert lang nach der Eroberung der Shang im Jahr 1045 v. Chr. expandierten die Westlichen Zhou stetig ostwärts den Huang He (Gelben Fluss) hinunter bis zum Meer und verdoppelten damit das von den Shang beherrschte Territorium. Die

Regierung der Westlichen Zhou war stark dezentralisiert und kontrollierte ihre Eroberungen durch Landzuweisungen an Verwandte der königlichen Familie, die an strategischen Punkten im eroberten Gebiet Militärkolonien gründeten. Ein Bronzegefäß aus dem 11. Jahrhundert v. Chr., das an einen Sieg über eine Shang-Rebellion durch K'ang erinnert, den Bruder des Zhou-Königs im zweithöchsten, als *Hou* bezeichneten Hofrang, veranschaulicht das System:

> Nachdem der König das Land der Shang unterworfen hatte, betraute er den *Hou* K'ang damit, es zu einem Grenzgebiet zu machen, das den Staat Wei bilden sollte. Da Mei Situ Yi an dieser Umwandlung beteiligt war, ließ er zu Ehren seines verstorbenen Vaters dieses heilige Gefäß anfertigen.
>
> Inschrift auf einem Bronzegefäß, übers. n. MacGregor 2011, 191

Die persönliche Basis des Systems erwies sich jedoch als sein fataler Fehler, denn mit der Zeit sahen sich die Nachkommen der Gründer der Kolonien eher als erbliche Herrscher ihrer Territorien denn als Vertreter des Westlichen Zhou-Königs. Als die Armee der Westlichen Zhou in einer Schlacht in der Mitte des 10. Jahrhunderts v. Chr. dezimiert wurde, begannen die weiter entfernten Kolonien sich abzuspalten und wurden zu den Keimzellen unabhängiger Königreiche. Die Westlichen Zhou versuchten, die Kontrolle wiederherzustellen, indem sie eine Bürokratie schufen, aber es war zu spät. In den nächsten zwei Jahrhunderten schrumpften die tatsächlich von den Westlichen Zhou beherrschten Territorien stetig und die Zahl der unabhängigen Königreiche nahm zu. Im Jahr 771 v. Chr. zerstörte schließlich eines der neuen Königreiche, das mit einem westlichen Volk verbündet war, welches abfällig die Quan Rong (»Hundebarbar«) genannt wurde, die Hauptstadt der Zhou und zwang die Dynastie, nach Osten in die Stadt Luoyang zu fliehen, wo ihre Nachfolger als Östliche Zhou-Dynastie weitere 500 Jahre lang regieren, aber nicht wirklich herrschen sollten.

Die Periode der Vorherrschaft der Westlichen Zhou nimmt einen besonderen Platz im chinesischen Verständnis ihrer Vergangenheit ein. Im Rückblick auf die Gewalt und das Chaos der Zeit der Frühlings- und Herbstannalen und der Zeit der Streitenden Reiche verehrten spätere konfuzianische Gelehrte und Historiker diese Zeit als die Periode, in der familiärer Respekt und Rituale das gesellschaftliche und politische Leben bestimmten. Zwar lassen die Quellen keinen Zweifel daran, dass die Realität der Westlichen Zhou-Periode weit von diesem idealisierten Bild entfernt war, doch fanden Entwicklungen statt, die für die spätere chinesische Geschichte von grundlegender Bedeutung sind. In der Regierung wurde das Grundmodell späterer chinesischer Bürokratien etabliert, während in der politischen Theorie das »Mandat des Himmels« zur akzeptierten Doktrin wurde. Diese besagte, dass extreme Korruption des herrschenden Monarchen und Naturkatastrophen darauf hinweisen, dass der Himmel das Recht zu regieren an eine neue und tugendhafte Dynastie übertragen hatte. Zuerst verwendet, um die Eroberung der Shang-Dynastie durch die Westlichen Zhou zu rechtfertigen, bildete die Vorstellung vom Mandat des Himmels den Grundrahmen für alle späteren historischen Rekonstruktionen der chinesischen Dynastiegeschichte.

Die ersten Werke der chinesischen Literatur wurden ebenfalls zu dieser Zeit geschrieben, einschließlich der frühesten Formen von zwei der fünf Bücher, die den Kanon der konfuzianischen Klassiker ausmachen sollten, das *I Ging* oder *Buch der Wandlungen* und der Klassiker der Poesie. Auch wenn China bei der Entwicklung der Eisentechnologie hinter den westlichen Ländern zurückblieb, zeugen Tausende von exquisiten gegossenen Bronzegefäßen, Waffen und Schmuckstücken, die bei Ausgrabungen entdeckt wurden, von den Fähigkeiten der Handwerker während der Westlichen Zhou-Periode.

Afro-Eurasien durchlief während der frühen Eisenzeit dramatische Veränderungen. Das sich verbessernde Klima förderte das Bevölkerungswachstum vom Atlantik bis zum Pazifik. Es entstanden neue Staaten und Staatsformen, die für den Rest der Antike Modelle blieben. Zugleich veränderten neue Technologien das wirtschaftliche und kulturelle Leben. Die Verbreitung der Eisentechnologie demokratisierte die Verwendung von Metallen und stärkte die Fähigkeit der Menschen, die Umwelt nach ihren Bedürfnissen zu gestalten – ein Prozess, der auch zu massiver Abholzung und Ausrottung eines Großteils der Megafauna in der gesamten Region führen sollte. Die Verluste beschränkten sich nicht auf die natürliche Welt. Die Erfindung des Alphabets ermöglichte es den Menschen in ganz Westasien und im Mittelmeerraum, des Lesens und Schreibens mächtig zu werden, markierte aber auch den Anfang vom Ende der Schriftkulturen, die das intellektuelle Leben in Westasien seit dem 4. Jahrtausend v. Chr. dominiert hatten, sowie der mündlichen Literaturen, welche die primären Träger des kulturellen Gedächtnisses der nicht-literarischen Völker von Europa bis Südasien waren.

3 Ost trifft West: Der Aufstieg von Persien

ca. 6. bis 5. Jahrhundert v. Chr.

Irgendwann in den 670er-Jahren v. Chr. bat der assyrische König Asarhaddon einen königlichen Astrologen namens Bel-ušezib zu bestimmen, ob die Sterne für einen Feldzug im Iran günstig stehen würden. Als vorsichtiger Profi ging Bel-ušezib auf Nummer sicher und informierte den König, dass die Sterne darauf hinwiesen, dass der Feldzug erfolgreich sein würde, aber nur, wenn die Kimmerer, »Barbaren, die keinen bei Gott geschworenen Eid und keinen Vertrag anerkennen« (Parpola 1993, 89), ihr Wort hielten, nicht einzugreifen. Das Ergebnis von Asarhaddons Feldzug ist unbekannt, aber die Vorsicht seines Wahrsagers war völlig gerechtfertigt.

Die Bewohner Westasiens bekamen die volle Wirkung dieser Entwicklungen erstmals 695 v. Chr. zu spüren, als ein bis dahin unbekanntes Volk aus der Steppe plötzlich das mächtige anatolische Königreich der Phryger besiegte und deren Hauptstadt Gordion plünderte: die Kimmerer. Für einen Bericht über diese neuen Feinde und die Bedrohung, die sie für die an die eurasische Steppe angrenzenden Agrarstaaten darstellen konnten, müssen wir jedoch auf die *Historien* des griechischen Historikers Herodot aus dem 5. Jahrhundert v. Chr. warten, der über die Eroberer der Kimmerer, die Skythen, Folgendes berichtet:

> Die Skythen übten 28 Jahre lang ihre Herrschaft über Asien aus, und alles wurde von ihnen aufgrund ihres übermütigen Verhaltens und ihrer Geringachtung verwüstet. Sie trieben ferner von allen Steuern

> ein, die sie einem jeden aufbürdeten; abgesehen von der Steuer raubten sie auch noch, umherziehend, was ein jeder besaß.
>
> Herodot, *Historien* 1,106,1, übers. Brodersen / Ley-Hutton 2019, 67–68

So fand zu Beginn des 1. Jahrtausends v. Chr. in Zentralasien eine militärische und politische Revolution statt, deren Auswirkungen fast drei Jahrtausende lang in ganz Afro-Eurasien zu spüren sein sollten. Die Skythen, ein Iranisch sprechendes Volk, dessen Heimat in der westeurasischen Steppe lag, gründeten das früheste bekannte Nomadenreich. Die Skythen, wie auch andere Nomadenvölker der Steppe, leiteten ihre Macht aus der ersten effektiven leichten Reiterei der Welt ab, indem sie zwei Innovationen kombinierten: die Übernahme einer guten Reitposition, also das Sitzen des Reiters auf dem Widerrist des Pferdes anstatt über den Hinterbeinen, und die Bewaffnung der Reiter mit dem Kompositbogen, der es ihnen ermöglichte, Pfeile schnell und mit großer Genauigkeit und Kraft vom galoppierenden Pferd aus abzuschießen (dazu Drews 2004, 65–74). So bewaffnet, konnten die Skythen schnell große Entfernungen zurücklegen, mit verheerender Kraft zuschlagen und wieder in der Steppe verschwinden.

Die Organisation des skythischen Reiches war komplexer, als außenstehende Beobachter wie Herodot glaubten. Diese konzentrierten ihre Aufmerksamkeit verständlicherweise auf die Skythen, auf welche die Griechen trafen: die berittenen Krieger, die sich aus Hirtennomaden rekrutierten, die während der jährlichen Bewegung ihrer Herden zwischen Sommer- und Winterweiden in von Ochsengespannen gezogenen Wagen lebten. Die Ökologie der eurasischen Steppe war jedoch vielfältiger, als die Berichte der Reisenden vermuten ließen. Neben dem scheinbar endlosen Grasland der Steppen umfasste es auch für die Landwirtschaft geeignete Gebiete wie Flusstäler und Oasen, so dass das Reich neben den Hirten auch Bauerndörfer und städtische Zentren enthielt. Einige dieser Städte waren riesig; die Stätte von Bilsk (Belsk), die bei sowjetischen Ausgrabungen in der Ukraine entdeckt wurde, hatte enorme Mauern, die sich über 33 km erstreckten. Obwohl die Bauern und Stadtbewohner nicht zur Streitmacht der Skythen gehörten, waren sie für das Reich unentbehrlich, denn sie zahlten Tribut und versorgten es mit landwirtschaftlichen Produkten und wichtigen Manufakturwaren, einschließlich der so wichtigen Kompositbögen, für deren Herstellung ein geschickter Handwerker mehrere Jahre sorgfältiger Arbeit benötigte.

Der Kern des skythischen Reiches war ein Stammesverband. Er wurde vom Anführer des Hauptstammes – Herodot (*Historien* 4,20,2 und öfter) nannte sie die »Königs-Skythen« – regiert, der von einer persönlichen Kriegergarde unterstützt wurde, die ihn zu Lebzeiten im Kampf begleitete und sich ihm im Tod anschloss. Letztlich ruhte die Macht eines skythischen Königs jedoch auf vier Säulen: der Abstammung von der Königsfamilie, der Fähigkeit, potenzielle Rivalen einzuschüchtern, dem Erringen von Siegen und vor allem der Belohnung seiner Gefolgschaft, insbesondere der Mitglieder seiner Garde. Die spektakulären Schätze an Goldgegenständen, die man in den über die heutige Ukraine verstreuten Grabhügeln gefunden hat, veranschaulichen den großen Reichtum, mit dem die skythischen Könige sich und ihre Gefolgsleute beschenkten. Weder Tribut noch Beute aus Raubzügen konnten jedoch die Fülle an Luxusgütern liefern, die in den Gräbern gefunden wurden, insbesondere das Gold, für das die nächsten Quellen entweder im Westen im fernen Europa oder weit im Osten im Altai-Gebirge lagen. Nur der Handel konnte den Bedarf decken, und das Vorhandensein von Objekten mit skythischer Tierdekoration und anderen Luxusgütern im westlichen Stil in den bemerkenswerten Gräbern aus dem Permafrost von Pazyryk in Sibirien (s. Rudenko 1970) zeigt, dass sich die Handelskontakte dank der politischen Bedürfnisse der skythischen Könige zum ersten Mal vom westlichen Ende der eurasischen Steppe bis zu den Grenzen Ostasiens ausdehnten.

Der Einbruch der Skythen in den Nahen Osten in der Mitte des 7. Jahrhunderts v. Chr., den Herodot beschrieb, war zwar nur von kurzer Dauer, aber er brachte dem Assyrischen Reich ein paar zusätzliche Jahrzehnte der Existenz, indem er seine Feinde ablenkte. Zwar konnten die Assyrer immer noch Siege über alte Feinde wie Urartu und Elam erringen, doch war das Reich tatsächlich überfordert. Das erste Gebiet, das wegbrach, war das zuletzt erworbene: Ägypten. Im Jahr 654 v. Chr. schlug Psamtek I., der Herrscher

Abb. 7: Griechische Handwerker stellten prächtige Luxusgegenstände für die skythische Oberschicht her. Dieses Goldgefäß stammt aus dem 4. Jahrhundert v. Chr. und ist mit Vignetten verziert, die das Leben der skythischen Krieger darstellen.

der Stadt Sais im nordöstlichen Delta und der wichtigste assyrische Vasall in Ägypten, den letzten Versuch der Kuschiten, die Kontrolle über Ägypten wiederzuerlangen, nieder. Anschließend nutzte er das assyrische Engagement im Osten, um mithilfe ägäischer Söldner, die ihm der König von Lydien zur Verfügung stellte, erfolgreich zu rebellieren und so die 26. Dynastie zu gründen, die Ägypten über ein Jahrhundert lang regieren sollte, bis die persische Eroberung in den

520er-Jahren v. Chr. die einheimische Herrschaft für mehr als zwei Jahrtausende beendete.

Ägypten befand sich an der äußersten westlichen Peripherie des assyrischen Reiches, so dass sein Verlust zwar peinlich, aber nicht kritisch war. Tatsächlich könnte er sogar als vorteilhaft angesehen werden, da er das Reich von der Notwendigkeit befreite, Ressourcen für die Verteidigung einer so weit entfernten Provinz aufzuwenden. Im Gegensatz zu Ägypten war Babylon jedoch entscheidend für das Überleben des Reiches, und sein Verlust führte schließlich zum Ende des Reiches.

Die Beziehung zwischen Assyrien und Babylon war komplex. Die Assyrer verehrten Babylon als die Heimat ihrer Zivilisation und gaben sich große Mühe, Bibliotheken mit babylonischen Texten aller Art aufzubauen, von Omen-Sammlungen bis hin zu Epen wie *Gilgamesch*. Der Inhalt der größten dieser Bibliotheken, derjenigen, die für den assyrischen König Assurbanipal zusammengestellt wurde, gehört noch immer zu unseren wichtigsten Quellen für die alte babylonische Kultur. Dennoch fanden die Assyrer in der Zeit, in der sie über Babylonien herrschten – mehr als ein Jahrhundert – nie einen zufriedenstellenden Weg, Babylon sicher zu regieren. Abwechselnd versuchten sie, den assyrischen König auch zum König von Babylon zu machen, einen assyrischen Gouverneur zu ernennen oder einen babylonischen Verwalter einzusetzen.

Doch gleich, was die Assyrer taten, das Ergebnis war immer das gleiche: Rebellion. Es überrascht nicht, dass der assyrische König Sanherib (Sin-ahhe-eriba) im Jahr 690 v. Chr. nach einer Erhebung, bei der die Aufständischen seinen ältesten Sohn gefangen nahmen, seiner Wut freien Lauf ließ; er zerstörte Babylon gründlich:

> Dass man sich in zukünftigen Tagen an die Stätte dieser Stadt und (ihre) Tempel und Götter nicht erinnern würde, habe ich sie mit Wasserfluten völlig ausgelöscht und wie eine Wiese gemacht.

Sanherib, Inschrift 341, übers. n. Luckenbill 1927, 152; vgl. Grayson / Redford 1973, 110

Da Sanherib bald darauf von zwei seiner anderen Söhne ermordet wurde, ist es verständlich, dass sein überlebender Sohn und Nachfolger, Asarhaddon, den Wiederaufbau Babylons ein Jahrzehnt nach der Zerstörung durch seinen Vater in der Überzeugung unternahm, dass Marduk, der Hauptgott Babylons, dies so wolle:

> Du hast mich zur Beruhigung des Herzens deiner großen Gottheit und zur Besänftigung deines Gemütes mit der Hirtenschaft über Assyrien belehnt.
>
> Asarhaddon, Inschrift Assur A, 11, übers. Borger 1956, 16; vgl. Grayson / Redford 1973, 111

Asarhaddons Reue war vergeblich. Drei Jahrzehnte später, 652 v. Chr., brach der letzte und größte babylonische Aufstand aus. Nach vier Jahren erbitterter Kämpfe waren die Assyrer zwar siegreich, aber erschöpft und damit zu schwach, um Nabopolassar, den ersten König der chaldäischen Dynastie, daran zu hindern, 626 v. Chr. ein unabhängiges Babylon wieder zu errichten. Schlimmer noch: Während die Assyrer ihre verbliebenen Kräfte aufzehrten und vergeblich versuchten, die Kontrolle über Babylon wiederzuerlangen, schlugen die Meder, eine Konföderation iranischer Stämme, zu, eroberten und plünderten 612 v. Chr. die Reichshauptstadt Ninive und setzten dem Assyrischen Reich ein Ende.

Die Brutalität der assyrischen Politik hatte das Reich verhasst gemacht und so ist es nicht verwunderlich, dass die Nachricht von der Plünderung Ninives in der ganzen Region mit Freude aufgenommen wurde. In Jerusalem zum Beispiel jubelte der Prophet Nahum:

> Deine Hirten schlafen, o König von Assur, deine Mächtigen schlummern. Dein Volk ist auf den Bergen zerstreut, und niemand sammelt sie. Niemand lindert deinen Schaden, und deine Wunde ist unheilbar. Alle, die das von dir hören, klatschen über dich in die Hände; denn über wen ist nicht deine Bosheit ohne Unterlass ergangen?
>
> Nahum 3,18–19

So vollständig verschwand jede Erinnerung an Assyrien, dass der athenische Historiker Xenophon den Ort Ninive nicht wiedererkannte, als er zwei Jahrhunderte später daran vorbeimarschierte. Erst im 19. Jahrhundert n. Chr. enthüllten die Ausgrabungen des britischen Archäologen Austen Henry Layard die Pracht der alten assyrischen Hauptstadt.

Die Meder hatten viel mit den Skythen gemeinsam, und wie diese hatten sie nicht die Absicht, das Assyrische Reich zu übernehmen; sie wollten es nur plündern. Die letztendlichen Nutznießer ihres dramatischen Sieges waren daher Nabopolassar und sein Sohn Nebukadnezar II., welche die ehemaligen mesopotamischen und levantinischen Provinzen der Assyrer übernahmen und Babylon wieder in eine Position der imperialen Macht brachten, die es zuletzt ein Jahrtausend zuvor in der Zeit von Hammurabi genossen hatte. Trotz ihrer Erfolge hatten die chaldäischen Könige jedoch das Pech, dass viele der Quellen für ihre Geschichte von ihren Feinden geschrieben wurden.

Für die Autoren der biblischen Bücher *Zweite Könige* und *Daniel* war Nebukadnezar II. nicht der große König der babylonischen Texte, sondern der wahnsinnige Tyrann, der für die Plünderung Jerusalems, die Zerstörung von Salomons Tempel und das Exil der jüdischen Aristokratie verantwortlich war, während die priesterlichen Autoren des Kyros-Zylinders und anderer ähnlicher Keilschrifttexte die militiärischen Erfolge Nabonids, des letzten Königs der chaldäischen Dynastie, ignorierten und stattdessen reißerisch seine angeblichen Sünden gegen Marduk, den Hauptgott Babylons, katalogisierten, um ihre Unterstützung der persischen Eroberer Babylons zu rechtfertigen.

Dennoch machten Nabopolassar und sein Nachfolger Nebukadnezar II. das Neubabylonische Reich für fast ein Dreivierteljahrhundert zur dominierenden Macht in Westasien. Nachdem er seine östliche Flanke durch ein Bündnis mit den Medern gesichert und die Ägypter, die versuchten, ihren Einfluss in Syrien-Palästina auszuweiten, schwer besiegt hatte, konsolidierte Nebukadnezar II. die babylonische Macht, indem er die wenigen verbliebenen unabhängigen Staaten in der Region unterdrückte, Jerusalem plünderte und den letzten

König von Juda und die überlebenden Mitglieder der jüdischen Aristokratie 587 v. Chr. nach Babylonien deportierte und dann die Kontrolle über Phönizien erlangte, indem er Tyros 573 v. Chr. nach einer 13 Jahre währenden Belagerung einnahm. Seine Nachfolger dehnten die babylonische Macht in das südliche Anatolien im Nordosten und das nordwestliche Arabien im Südosten aus und brachten so die wichtigsten Handelsrouten, die das Mittelmeer mit dem südlichen Arabien und dem Persischen Golf verbanden, unter babylonische Kontrolle.

Die Bedeutung des Neubabylonischen Reiches beschränkte sich nicht auf die militärischen Errungenschaften seiner Könige. Im Gegensatz zu den assyrischen Königen, deren Inschriften die militärischen Siege verherrlichen, die sie für Assur errangen, feiern die Inschriften von Nebukadnezar II. und seinen Nachfolgern die riesigen Paläste, Tempel und Mauern, die sie in Babylon errichteten, was spätere griechische Schriftsteller dazu veranlasste, es als die spektakulärste Stadt der Welt zu beschreiben, die ihnen bekannt war. Auch die kulturellen Entwicklungen waren bedeutend. Neue Versionen klassischer Keilschrifttexte wie das Schöpfungsepos und *Gilgamesch* wurden verfasst, aber die dramatischsten Fortschritte gab es in der Wissenschaft. Mithilfe mathematischer Techniken, die später sowohl die griechische als auch die indische Astronomie beeinflussten, waren die babylonischen Priester in der Lage, die Bewegungen der Himmelskörper zu verfolgen und sogar Sonnenfinsternisse mit einer nie zuvor erreichten Genauigkeit vorherzusagen.

Mehr Kontinuität gab es in der gesellschaftlichen Struktur des Neubabylonischen Reiches. Die Grundlage der Gesellschaft in Mesopotamien war seit Beginn ihrer Geschichte die Kernfamilie gewesen und das blieb unverändert. Die männliche Vorherrschaft der babylonischen Gesellschaft blieb ebenfalls unangefochten, obwohl eine Handvoll Frauen der privilegierten Oberschicht wie Adad-happe (Adda-guppi), die Mutter Nabonids, bedeutende gesellschaftliche und wirtschaftliche Möglichkeiten genoss. Am unteren Ende der gesellschaftlichen Skala gibt es jedoch Belege für den verstärkten Einsatz von Zwangsarbeitern, die auf den Ländereien der Großgrundbesitzer arbeiteten, und im häuslichen Dienst und im Handel für einen erweiterten Einsatz von Sklaven, die hauptsächlich aus Kriegsgefangenen und zahlungsunfähigen Schuldnern rekrutiert wurden. In gemischten Beziehungen, in denen nur ein Elternteil Sklave und der andere frei war, waren die Nachkommen jedoch selbst frei, was darauf hindeutet, dass die Sklaverei in der babylonischen Gesellschaft noch keine grundlegende wirtschaftliche Bedeutung hatte.

Als die Perser 539 v. Chr. nach einer kurzen Belagerung Babylon eroberten, endete nicht nur die Herrlichkeit des Neubabylonischen Reiches. Es markierte auch eine grundlegende Veränderung in der Geschichte Westasiens insgesamt: das Ende der Ära der Regionalstaaten und Reiche. Von nun an würden Babylon und seine Nachbarn Teil eines einzigen gigantischen imperialen Systems sein, des Persischen Reiches, das sich schließlich vom Mittelmeer bis nach Südasien erstrecken würde und eine Verbindung zwischen diesen beiden antiken Zentren der Zivilisation herstellte, die für den Rest der Antike Bestand haben würde.

Leider gehören diese wichtigen Entwicklungen zu den am schlechtesten dokumentierten in der gesamten antiken Geschichte. Obwohl die Perser eine alphabetische Keilschrift entwickelten, um ihre Sprache zu schreiben, die Linguisten als Altpersisch bezeichnen, verwendeten sie diese nur für monumentale Inschriften. Staatliche Aufzeichnungen wurden zunächst in Elamitisch und dann zunehmend in Aramäisch geführt, einer westsemitischen Sprache, die eng mit dem Hebräischen verwandt ist und mit dem phönizischen Alphabet geschrieben wurde.

Die Bedeutung der Übernahme des Aramäischen als Hauptverwaltungssprache des Reiches war jedoch nicht auf die Regierung beschränkt. Nicht nur, dass die breite Verwendung des Aramäischen im Perserreich den Anfang vom Ende der Rolle der Keilschrift in der Hochkultur markierte, die sie seit dem frühen 3. Jahrtausend v. Chr. genossen hatte; sie löste auch die Ausbreitung der alphabetischen Schriften vom Mittelmeerraum bis nach Indien aus. Ironischerweise sind jedoch nur wenige persische Dokumente erhalten geblieben, da Aramäisch auf verderblichen Materialien wie Pergament oder Leder geschrieben wurde.

Dennoch ist es klar, dass die Perser ein indoeuropäisches Volk waren, das im frühen 1. Jahrtausend v. Chr. in den südwestlichen Iran gezogen war. Genauso deutlich ist, dass sie den Kontakt zu den Traditionen ihrer zentralasiatischen Heimat nicht verloren haben. Wie die Skythen und andere zentralasiatische Reiterkrieger trugen die Perser Hosen anstelle der für den alten Nahen Osten typischen Gewänder und lehrten ihre Jungen laut Herodot (*Historien* 1,136,2) drei Dinge: Reiten, Bogenschießen und Wahrheit-Sagen. Sie benutzten auch die geheimnisvolle psychedelische Droge, die ihre nahen Verwandten, die vedischen Inder, *Soma* nannten, während der persische König überall von einer zehntausendköpfigen königlichen Garde, den Unsterblichen, begleitet wurde. Auch wurden, wie in den zentralasiatischen Nomadenreichen, die wichtigsten Regierungsposten von Mitgliedern der königlichen Familie oder mit ihr Verwandten monopolisiert. Nicht-persische Beamte waren auf untergeordnete Regierungsposten oder spezialisierte Hofpositionen wie Ärzte beschränkt.

Die Unzulänglichkeit der Quellen lässt auch den Aufstieg Persiens plötzlicher und unerwarteter erscheinen, als er wahrscheinlich war. Die Quellen erwähnen die Perser zum ersten Mal in der Mitte des 6. Jahrhunderts v. Chr., als der Perser Kyros II., der König eines Vasallenkönigreichs der Meder namens Anshan, sich auflehnte und seinen medischen Oberherrn stürzte, wodurch Persien die dominierende Macht im Iran wurde. Während der nächsten drei Jahrzehnte dehnte Kyros die persische Macht auf ganz Westasien aus und eroberte schnell Lydien und seine griechischen Nachbarn in Anatolien, Syrien-Palästina und das Neubabylonische Reich. Obwohl die griechischen und biblischen Quellen verständlicherweise die westlichen Eroberungen des Kyros betonen, dehnte er die persische Macht auch nach Osten bis tief nach Zentralasien aus, wo er 530 v. Chr. in der ersten von vielen Konfrontationen zwischen den Persern und den nomadischen Völkern der Steppen getötet wurde.

Die persische Expansion setzte sich unter Kyros' Sohn Kambyses fort, der Ägypten eroberte; und dann unter Dareios I., der die Macht ergriff und die Achämeniden-Dynastie gründete, die das Reich für den Rest seiner Geschichte regierte. Dareios dehnte die persische

Herrschaft auch auf Nordwest-Indien aus und vergrößerte damit das Reich auf seine maximale Ausdehnung. Dareios' Bemühungen, das Reich nach Westen zu erweitern, waren jedoch weniger erfolgreich. Während Makedonien und Thrakien an die Perser fielen, scheiterte sein Feldzug über die Donau nach Skythien, ebenso wie ein Versuch, in Griechenland Fuß zu fassen, da die Athener 490 v. Chr. unerwartet ein persisches Expeditionskorps besiegten. Sogar seine Gewinne auf dem nördlichen Balkan erwiesen sich als kurzlebig, als eine Allianz griechischer Städte unter der Führung von Sparta und Athen 480/79 v. Chr. eine groß angelegte persische Invasion in Griechenland besiegte, danach die persischen Vorposten auf dem nördlichen Balkan auflöste und die griechischen Städte in Westanatolien und dem ägäischen Becken befreite.

Trotz dieser Niederlagen blieb das Persische Reich jedoch für fast zwei Jahrhunderte die größte Macht in Westasien, dank der Reformen von Dareios, der die Verwaltung neu organisierte und straffte, indem er es in 20 Provinzen, Satrapien genannt, aufteilte und ihnen feste jährliche Tribute zuwies. Jede Satrapie wurde von einem Satrapen regiert, einem persischen Aristokraten, der vom König ernannt wurde und für die Aufrechterhaltung der Gesetze, das Eintreiben der Tribute und die Führung der militärischen Kräfte der Satrapie im Krieg verantwortlich war.

Der Schlüssel zum Erfolg dieser Reformen war die Fähigkeit des Reiches, die Unterstützung der Oberschichten der unterworfenen Völker zu gewinnen. Anders als die Assyrer, die versuchten, ihre Untertanen zu Assyrern zu machen, versuchten die Perser nicht, ihre Untertanen zu assimilieren. Stattdessen blieb das Persische Reich, wie das skythische und andere zentralasiatische Reiche, ein multiethnisches Gebilde, das nur durch die Loyalität zum persischen König geeint war, der als Vertreter des zoroastrischen Gottes des Lichts und der Wahrheit Ahuramazda auf Erden regierte und als Hauptaufgabe die Verteidigung seiner Untertanen gegen die Anhänger Ahrimans, des Gottes der Dunkelheit und der Falschheit, hatte.

Trotz des universellen Anspruchs des Zoroastrismus, in dem alle Völker als Anhänger von entweder Ahuramazda oder Ahriman in einem großen kosmischen Kampf angesehen wurden, der mit dem endgültigen Sieg der Wahrheit am Ende der Zeit enden würde, verfolgten die Perser eine Politik der Toleranz gegenüber den Religionen ihrer Untertanen, bauten Tempel und unterstützten deren Priester.

Das berühmteste Beispiel für diese Politik ist der Befehl von Kyros II., der den jüdischen Exilanten erlaubte, aus Babylon nach Judäa zurückzukehren und den Tempel Jahwes in Jerusalem wieder aufzubauen. Aber eine ähnliche Unterstützung lokaler Religionen und der Oberschichten, die sie anführten, ist auch in Babylonien, Ägypten und sogar Griechenland dokumentiert. Die persische Sicht auf ihr Reich ist für uns noch anschaulich in Reliefs auf den Gräbern der persischen Könige dargestellt, in denen der König vor einem zoroastrischen Feueraltar auf einer Plattform steht, die von Darstellungen der Völker des Reiches gehalten wird, während Ahuramazda auf einer geflügelten Sonnenscheibe sitzend darüber fliegt. Sein Erfolg zeigt sich in der Loyalität der Oberschichten des Reiches, von denen die meisten dem jüdischen Propheten Jesaja zugestimmt haben dürften, der, nachdem Kyros die Juden aus ihrem Exil in Babylonien befreit hatte, verkündete:

> So spricht der Herr zu seinem Gesalbten, zu Kyros, den ich bei seiner rechten Hand ergriff, dass ich Völker vor ihm unterwerfe und Königen das Schwert abgürte, damit vor ihm Türen geöffnet werden und Tore nicht verschlossen bleiben.
>
> Jesaja 45,1

Es ist leicht, die Bedeutung der persischen Niederlagen im Westen zu unterschätzen. Es gibt sogar Unterstützung für eine solche minimalistische Sichtweise in der Geschichte von Herodot, der beobachtete, dass die Perser Persien als Zentrum der bekannten Welt ansahen und die Völker danach ordneten, wie nahe sie an Persien waren. Die Perser hätten daher den Verlust von Westanatolien an der äußersten westlichen Grenze des Reiches sicherlich als peinlich, aber nicht als kritisch angesehen, solange sie die Kontrolle über den mesopotami-

Abb. 8: Das Relief befindet sich über dem Eingang zum Grab des persischen Königs Dareios I. in Naqsch-e Rostam im südwestlichen Iran. Der König steht auf einem Tisch, der von symbolischen Darstellungen der Völker des Reiches hochgehalten wird. Vor ihm schwebt der zoroastrische Gott der Wahrheit und des Lichts, Ahuramazda, über einem Feueraltar. Nach der persischen Reichsideologie herrscht der König als Beauftragter von Ahuramazda über die Völker der Welt.

schen und iranischen Kern des Reiches behielten, was sie für weitere anderthalb Jahrhunderte taten, während derer das Persische Reich die einzige wirkliche Großmacht in Westasien blieb.

Herodot und andere griechische Historiker teilten diese Ansicht über die Perserkriege natürlich nicht. Sie feierten verständlicherweise die Niederlagen von Dareios I. und Xerxes in den Jahren 490 und 480/79 v. Chr. als glorreiche Siege, vergleichbar mit dem griechischen Sieg im Trojanischen Krieg, dem grundlegenden Ereignis im griechischen Verständnis der eigenen Geschichte. Sie konnten auf eine Tatsache von grundlegender Bedeutung zur Unterstützung ihrer Ansicht hinweisen, nämlich, dass die griechischen Siege von 480/79 v. Chr. und die Unfähigkeit der Perser, diese Niederlagen in den folgenden Jahrzehnten rückgängig zu machen, die Möglichkeit einer weiteren persischen Expansion nach Westen im Mittelmeerraum effektiv ausschlossen. Die Perser auf Asien beschränkt zu halten, führte jedoch zu einer revolutionären Veränderung in der Natur der griechischen Kriegführung.

Wie es sich für ein Volk gehörte, das in Hunderte von unabhängigen Stadtstaaten aufgeteilt war, bestand die griechische Kriegsführung traditionell aus lokalen Konflikten und temporären Allianzen. Selbst das Bündnis, das die Perser 480/79 v. Chr. besiegte, war nicht viel anders, doch war ein fortwährendes Engagement erforderlich, um die Ergebnisse des griechischen Sieges zu konsolidieren, die befreiten griechischen Städte Kleinasiens zu schützen und die Bemühungen der Perser zu vereiteln, ihre verlorenen Gebiete zurückzugewinnen. Das Ergebnis war die Bildung eines dauerhaften unter athenischer Führung stehenden Seebündnisses, das man heute oft als Delisch-Attischen Seebund bezeichnet und das schließlich mehr als 400 Mitglieder hatte. Diese verpflichteten sich, einen andauernden Verteidigungskrieg gegen Persien, der bis zum Friedensschluss im Jahr 449 v. Chr. andauerte, mit Steuern und Arbeitskräften zu unterstützen. Athen konnte jedoch der Versuchung nicht widerstehen, seine Führungsposition auszunutzen, und so wurde der Seebund allmählich zur Keimzelle eines athenischen Imperiums, dessen Einnahmen viele der Institutionen der athenischen Demokratie und die prächtigen Gebäude finanzierten, deren Ruinen selbst in ihrem heutigen Zustand der Ruhm Athens bleiben.

Für einen Großteil des 5. Jahrhunderts jedoch führte die Integration eines Großteils der Ägäis in eine einzige politische Einheit zu beispiellosem Wohlstand nicht nur für Athen, sondern für die meisten griechischen Städte. Dieser Wohlstand beruhte auf dem Handel und einem Netzwerk von Handelsrouten, das sich vom Schwarzen Meer bis nach Britannien erstreckte und riesige Mengen an so unterschiedlichen Gütern wie Getreide, Zinn, Papyrus, Holz, Gold und Sklaven in die Ägäis und insbesondere nach Athen brachte.

In den Worten des Historikers Diodor aus dem 1. Jahrhundert v. Chr. heißt es nach dem griechischen Sieg 480/79 v. Chr.:

> Die Bewohner Griechenlands wurden nicht nur von den Gefahren befreit, sondern erwarben dazu noch großen Ruhm, und jede Griechenstadt füllte sich mit so großem Wohlstand, dass alle über den Umschwung ins Gegenteil staunen mussten. ... Griechenland erlebte einen bedeutenden Aufschwung seines Wohlergehens. Ob des Wohlstands blühten in diesen Jahren die Künste auf, und hervorragende Künstler, von denen wir wissen, waren damals zu finden.
>
> Diodor, *Historien* 12,1,3–4, übers. Veh 1998, 103

Dieses beeindruckende Wirtschaftswachstum wurde durch die Verbreitung des Münzgeldes begünstigt, das von den Lydern im 6. Jahrhundert v. Chr. als bequemes Mittel zur Aufbewahrung und Übertragung großer Mengen an Reichtum erfunden worden war. Die Hinzufügung mehrerer Münzen mit kleinem Nennwert im 5. Jahrhundert v. Chr. verwandelte Münzen in das Haupttauschmittel für den Handel und ermöglichte die Monetarisierung großer Teile der Wirtschaft der griechischen Städte. In Athen brachte der Wohlstand grundlegende Veränderungen in allen Bereichen des Lebens mit sich. Am bekanntesten sind die kulturellen Entwicklungen, einschließlich des außergewöhnlichen Bauprogramms für Tempel und andere öffentliche Gebäude, die Blüte der Bildhauerei und anderer Künste sowie die Geburt des athenischen Dramas, der Philosophie und anderer literarischer Formen.

Ebenso bemerkenswert war die Ausweitung der Beteiligung an der demokratischen Regierung Athens und der Flotte, von der die Macht der Stadt abhing, um Bürger – natürlich männliche – aus allen sozioökonomischen Klassen einzubeziehen. Während sich die Möglichkeiten für männliche Bürger erweiterten, verengten sie sich umgekehrt für Frauen. Dies galt vor allem für Frauen der Oberschicht: Ihre Möglichkeiten, sich außerhalb der religiösen Sphäre frei im athenischen Leben zu betätigen, wurden durch die traditionelle griechische Auffassung eingeschränkt, dass der Platz der Männer außerhalb des Hauses und derjenige der Frauen innerhalb sei. Die dramatischste Veränderung war jedoch die enorme Ausweitung der Anzahl und des Einsatzes von Sklaven in Athen; sie waren in jedem Bereich des athe-

Abb. 9: Im 5. Jahrhundert v. Chr. besuchten aristokratische athenische Knaben üblicherweise Schulen, die von privat bezahlten Lehrern geleitet wurden. Die Trinkschale des Malers Douris aus dem frühen 5. Jahrhundert v. Chr. stellt einen Knaben dar, der in einer solchen Schule Literatur- und Musikunterricht erhält.

nischen Wirtschaftslebens zu finden, einschließlich Bergbau, Handwerk, Hausdienst, Geldwechsel und sogar in solchen staatlichen Bereichen wie Polizei und Verwaltung. Dieser verstärkte Einsatz von Sklavenarbeit machte Athen zu einer der wenigen bekannten Sklavengesellschaften der Geschichte. Noch wichtiger ist, dass die Tatsache, dass die überwältigende Mehrheit der Sklaven in Athen aus Nicht-Griechen bestand, zusammen mit den griechischen Siegen über die Perser zu einer Neubewertung des Konzepts des »Barbaren« führte. Anstatt lediglich einen Nicht-Griechen zu bezeichnen, wies »Barbar« zunehmend auf einen minderwertigen Nicht-Griechen hin, dessen Platz in der Gesellschaft nach Ansicht vieler Griechen, den Philosophen Aristoteles aus dem 4. Jahrhundert v. Chr. eingeschlossen, der eines natürlichen Sklaven war – eine Theorie, die Jahrhunderte später eine wichtige Rolle bei der Rechtfertigung der afrikanischen Sklaverei in Nordamerika spielen sollte.

Die Griechen waren nicht die einzigen Nutznießer des Endes der persischen Expansion nach Westen. Karthago hatte bereits zu Beginn des 6. Jahrhunderts v. Chr. die Kontrolle über das Netzwerk von Kolonien übernommen, das Phönizien mit dem mineralienreichen Iberien verband; dann, befreit von der Bedrohung durch die persische Eroberung, verstärkte es seine Kontrolle über das westliche Sizilien und stoppte im Bündnis mit den Etruskern, die einen Großteil Mittel- und Norditaliens beherrschten, die weitere griechische Expansion im westlichen Mittelmeer. In Iberien spiegelte sich die intensive Interaktion mit Karthago in der Gründung von Städten und dem Auftauchen von Skulpturen im Stil des östlichen Mittelmeers wider. Als Karthago versuchte, sein Kolonialreich weiter auszudehnen, indem es südlich entlang der Atlantikküste zu den westafrikanischen Goldfeldern und nördlich entlang der europäischen Atlantikküste zu den Zinnvorkommen von Cornwall vordrang, um die wachsende Nachfrage des östlichen Mittelmeers nach Bronze zu befriedigen, scheiterte es. Die Berichte der karthagischen Expeditionsleiter Hanno und Himilko blieben jedoch für den Rest der Antike grundlegende Informationsquellen über die Geographie dieser Gebiete.

Während sich die Karthager, Etrusker und griechischen Städte auf Sizilien und in Italien ein Patt lieferten, kam es in West- und Mitteleuropa zu dramatischen Veränderungen. Die treibende Kraft war der Klimawandel. Nach mehreren Jahrhunderten warmen Wetters, das einen weit verbreiteten Wohlstand auf der Basis von landwirtschaftlicher Expansion und wachsender Bevölkerung begünstigte, kühlten sich die Temperaturen im späten 6. Jahrhundert ab, was zur Aufgabe von Städten führte, da die Menschen – vor allem die Keltisch sprechende Bevölkerung – auf der Suche nach neuem Ackerland aus ihrer Heimat in Westeuropa auswanderten. Die Unsicherheit dieser Zeit zeigt sich in der neuen Betonung von Waffen in der Kultur, die man nach dem wichtigsten Fundort La-Tène-Kultur nennt und mit den Kelten identifiziert. Der Handel zwischen dem Mittelmeerraum und dem gemäßigten Europa setzte sich bis ins 5. Jahrhundert v. Chr. fort und weitete sich sogar auf keltische Söldner aus, die zunehmend in den Armeen der zentralen und westlichen Mittelmeervölker zu finden waren. Das Zentrum des Handels verlagerte sich jedoch von den Flusstälern Südfrankreichs, wo griechische Kaufleute ihn dominiert hatten, nach Osten zu den Alpenpässen, wo etruskische Händler die Griechen als Hauptquelle mediterraner Waren für die Prestigewirtschaft der Kelten ablösten.

Während die persische Expansion nach Westen ins Stocken geriet, war die Situation in Zentral- und Südasien anders. Kyros II. eroberte Baktrien, das heutige Afghanistan, aber es war Dareios I., der den folgenschweren Schritt unternahm, von Baktrien aus nach Süden vorzustoßen und das gesamte Indus-Tal, im Wesentlichen Pakistan, dem Reich hinzuzufügen. Die Details sind verloren gegangen, aber die Eroberung des nordwestlichen Indiens war wahrscheinlich am Ende des 6. Jahrhunderts v. Chr. abgeschlossen. Es ist nicht bekannt, wie lange die persische Herrschaft im Nordwesten Indiens andauerte, aber indische Truppen dienten in der persischen Armee, die 480/79 v. Chr. in Griechenland einfiel, und noch ein halbes Jahrhundert später nahm Herodot Indien in seine Liste der Satrapien auf und schrieb ihm zu, dass es den größten Tribut von allen einzelnen Satrapien zahlte. Gleichzeitig mit der persischen Expansion im Nordwesten Indiens änderte sich die politische Situation auf der anderen Seite des indischen Subkontinents radikal, als sich das Königreich Magadha unter der Führung seiner beiden Großkönige Bimbisara und Ajatsatru als dominierende Macht im Ganges-Tal etablierte und dabei den Schwerpunkt der indischen Zivilisation nach Südosten in Richtung seiner Hauptstadt Pataliputra, dem heutigen Patna, und der Mündung des Ganges in den Golf von Bengalen verlagerte.

Im späten 6. und im 5. Jahrhundert v. Chr. kam es auch zu großen gesellschaftlichen und kulturellen Veränderungen, die für die spätere Entwicklung der indischen Zivilisation grundlegend waren. Im gesamten Ganges-Tal führten der zunehmende Handel und die expandierende Landwirtschaft, angetrieben durch den wachsenden Gebrauch von Eisenwerkzeugen, zur Gründung neuer Städte. Die offenere Gesellschaft und das pulsierende kulturelle Leben dieser Städte bedrohten jedoch die Stabilität des Kastensystems. Lehrer von Lehren, die vom Materialismus bis zum Atheismus reichten, konnten im ganzen Ganges-Tal gefunden werden und suchten Schüler. Brahmanische Theologen reagierten auf diese Herausforderungen für die traditionellen vedischen Lehren, indem sie die Lehre vom Kreislauf der Wiedergeburten – Samsara – in eine mächtige Rechtfertigung für die traditionelle Gesellschaftsordnung umwandelten. Sie lehrten, dass das Varna eines Menschen nicht willkürlich sei, sondern durch den Charakter seiner Handlungen in einer früheren Inkarnation bestimmt werde und dass es die Hauptaufgabe eines Königs sei, diese Ordnung aufrechtzuerhalten.

Zwei Lehrer jedoch, deren Ideen die Grundlage der heute noch existierenden Religionen bilden, boten weitreichendere Neuinterpretationen des vedischen Denkens: Mahavira, der Gründer des Jainismus, und Gautama Buddha, »der Erleuchtete«. Obwohl ein Großteil des Inhalts der überlieferten Biographien von Mahavira und dem Buddha eindeutig legendär ist, gibt es auffallende Ähnlichkeiten im Leben und in der Lehre beider Männer. Beide waren Mitglieder der Kshatriya-Familien aus der Oberschicht in Clan-Staaten und lebten und lehrten im späten 6. und frühen 5. Jahrhundert v. Chr. Beide akzeptierten das Varna-System und die Lehre von Samsara, aber sie lehnten zentrale Aspekte der vedischen Lehre ab, insbesondere den Glauben an die Wirksamkeit von Tieropfern. Beide identifizierten eine zu große Verwicklung in die Angelegenheiten dieser Welt als Grund dafür, dass die Menschen im Kreislauf der Reinkarnation gefangen waren und diesem entkommen könnten, indem sie ein ethisches und asketisches Leben führen. Dies hatte zur Folge, dass ihre engsten Anhänger Mönche waren, die durch die Wohltätigkeit der Masse ihrer Anhänger unterstützt werden mussten, welche sich nicht zu dem anspruchsvollen Klosterleben verpflichten konnten. Infolgedessen wurden der Jainismus und der Buddhismus in der Tat weit verbreitet. Mahaviras Beharren auf der absoluten Einhaltung des Prinzips von *ahimsa*, »Gewaltlosigkeit«, begrenzte die Anziehungskraft des Jainismus auf Männer, die in Berufen wie dem Handel tätig waren, die kein Töten irgendeines atmenden Lebewesens beinhalteten; die Lehre des Buddha, dass man das Verlangen überwinden und dem Kreislauf der Wiedergeburt entkommen könne, indem man dem Mittleren Weg folgt, der in den Vier Edlen Wahrheiten und dem Achtfachen Pfad verkörpert ist, stand potenziell jedem offen, unabhängig von seinem Varna. Schließlich konnten auch Frauen dem Mittleren Weg folgen, nachdem der Sanga oder Orden der Mönche für die Schaffung von separaten Nonnenorden parallel zu denen der Mönche geöffnet wurde, trotz des anfänglichen Widerstands des Buddhas gegen eine solche Rolle für sie.

Auf den ersten Blick scheinen diese Entwicklungen wenig mit der persischen Eroberung des Indus-Tals auf der anderen Seite des indischen Subkontinents zu tun zu haben, aber ironischerweise war es ein Nebenprodukt der persischen Eroberung – die Einführung der Schrift in Indien –, das letztendlich die Verbreitung der Lehren von Mahavira und dem Buddha ermöglichte. Die Geschichte der beiden frühesten einheimischen indischen Schriften – *Kharoshti* und *Brami* – ist umstritten. Obwohl sie erstmals im frühen 3. Jahrhundert v. Chr. sicher bezeugt sind, ist es klar, dass beide von der aramäischen Schrift abgeleitet wurden, welche die Perser zur Verwaltung ihrer indischen Satrapie verwendeten. Wie auch immer es geschah, die Einführung der Schrift ermöglichte die Bewahrung der ursprünglich mündlichen Lehren von Mahavira und Buddha in Büchern, die zu den wichtigsten Trägern für die Verbreitung dieser Religionen, insbesondere des Buddhismus, in ganz Süd- und Südostasien und schließlich in Zentral- und Ostasien wurden.

Der kulturelle Austausch war jedoch keine Einbahnstraße. Ein bemerkenswertes Verkehrswegesystem hielt das Persische Reich zusammen. Ein umfangreiches Straßennetz verband den Iran mit allen Teilen des Reiches, während Dareios sowohl den Bau des ersten erfolgreichen Suezkanals als auch die Erforschung des Seewegs von Indien nach Persien anordnete. Dareios' Absicht war es natürlich, den Bedürfnissen der Regierung zu dienen, und persische Inschriften und Keilschrifttafeln dokumentieren Reisen von Regierungsbeamten und die Bewegung von Baumaterialien von einem Ende des Reiches zum anderen. So rühmte sich Dareios:

> Dies ist der Palast, den ich in Susa erbaut habe, von gar weit her ist das (Baumaterial) (herbei-)gebracht worden. … Silber und Ebenholz

> wurden von Ägypten (herbei-)gebracht; das Farbmaterial, mit dem die Burgmauer geschmückt worden ist, das wurde von Ionien (herbei-)gebracht; das Elfenbein, das hier verarbeitet worden ist, (wurde) aus Kusch (Nubien) und aus Indien und aus Arachosien (herbei-)gebracht.
>
> Dareios, Susa f [DSf] § 7a–c und § 11a–h, übers. Schmitt 2009, 130 und 132

Zwangsläufig bewegten sich aber auch Handels- und Kulturgüter entlang des Straßennetzes. Belege dafür sind das Auftauchen indischer Produkte wie Pfauen und Pfirsiche im Griechenland des 5. und 4. Jahrhunderts v. Chr., Figuren aus der Sanskrit-Mythologie wie die hundeköpfigen Menschen und möglicherweise sogar die Idee der Reinkarnation, die von den pythagoreischen Philosophen in einer Form gelehrt wurde, die derjenigen in Indien bemerkenswert ähnlich war. Wenn Waren und Ideen aus Indien am äußersten östlichen Ende des Persischen Reiches das Mittelmeer erreichen konnten, sollte es nicht überraschen, dass literarische und archäologische Belege auf eine weite Verbreitung von Waren und Ideen mit persischem Einschlag hinweisen, einschließlich Metallgeschirr, architektonischen Formen und sogar zoroastrischen Priestern, die als Magi im ganzen Reich und darüber hinaus bekannt waren. Im Athen des 5. Jahrhunderts v. Chr. beispielsweise war die Beliebtheit von Waren im persischen Stil und von Modeelementen wie Schirmen so groß, dass sie zu Recht mit der Manie für chinesische Stile verglichen wurde, die Europa im 18. Jahrhundert n. Chr. erfasste.

Während das Persische Reich West- und Südasien miteinander verband, waren die Bedingungen in Ostasien anders. Die drei Jahrhunderte nach dem Fall der Westlichen Zhou-Dynastie waren eine Zeit des Übergangs in China und in den chinesischen Beziehungen mit dem Rest Eurasiens. Der chinesische Kontakt mit den Völkern der eurasischen Steppe reichte bis in die Bronzezeit zurück, und das Vorhandensein von chinesischer Seide in keltischen Gräbern in Westeuropa und in skythischen Gräbern, die bei sowjetischen Ausgrabungen in Pazyryk in Sibirien entdeckt wurden, ist ein Beleg für die fortgesetzte chinesische Beteiligung – wenn auch nur lose und wahrscheinlich indirekt – an Handelsnetzwerken, die sich westwärts über Eurasien und nordwärts in Richtung Sibirien ausdehnten. Sie waren eine Folge des Auftretens des skythischen Reiches und anderer Nomadenstaaten. Gleichzeitig legte das Zusammentreffen der chinesischen Expansion in Richtung seiner nördlichen Grenze und der östlichen Expansion von Steppennomaden, die nach skythischem Vorbild organisiert waren, den Grundstein für die Konfrontation zwischen China und verschiedenen Gruppen von Steppennomaden, welche die Art der chinesischen Beziehungen zu seinen nördlichen und westlichen Nachbarn für einen Großteil seiner restlichen Geschichte bestimmen sollte.

Die weitreichendsten Veränderungen fanden jedoch innerhalb Chinas selbst statt und umfassten alle Aspekte des politischen, gesellschaftlichen und intellektuellen Lebens. Die chinesische Tradition unterteilt die fünf Jahrhunderte zwischen dem Fall der Westlichen Zhou-Dynastie und dem Aufstieg der Qin-Dynastie in zwei Perioden: die Zeit der Frühlings- und Herbstannalen und die Zeit der Streitenden Reiche. Ein Thema verbindet jedoch beide: der Krieg. Die Chinesen sollten während dieser turbulenten Jahrhunderte die volle Bedeutung der Beobachtung des griechischen Historikers Thukydides kennenlernen:

> Der Krieg ist ein gewalttätiger Lehrmeister.
>
> Thukydides, *Historien* 3,82,2, übers. Weißenberger 2017, 571

Mit dem Verschwinden der Autorität der Westlichen Zhou-Könige und der Reduzierung ihrer Östlichen Zhou-Nachfolger auf bloße Galionsfiguren zersplitterte das Zhou-Königreich in bis zu 148 separate Staaten, von denen einige so klein wie eine einzelne Stadt waren und andere Territorien umfassten, die so groß wie ein moderner europäischer Staat waren. Das Ergebnis war ein jahrhundertelanger, fast ununterbrochener Krieg, da größere Staaten versuchten, durch die Annexion kleinerer Staaten zu wachsen. Es überrascht nicht, dass Anstrengungen unternommen wurden, die Gewalt einzudämmen. Die wichtigste war die Praxis, den Herrscher des stärksten Staates durch den Östlichen Zhou-König als Beschützer (*Ba*) des

Zhou-Reiches und seiner traditionellen Werte anzuerkennen. So forderte der damalige Beschützer im Jahr 657 v. Chr. alle Staaten auf, Handlungen zu vermeiden, welche die traditionellen Normen des gesellschaftlichen und wirtschaftlichen Lebens der Zhou stören würden:

> Es soll kein Aufstauen von Bewässerungswasser, kein Zurückhalten von Getreideverkäufen, keine offensichtlichen Änderungen von Erben, keine Förderung von Konkubinen als Ersatz für Ehefrauen und keine Beteiligung von Frauen an Staatsangelegenheiten geben.
>
> Guliang Zhuan, übers. n. Hsu 1999, 557

All diese Bemühungen scheiterten jedoch, mit dem Ergebnis, dass im 5. Jahrhundert v. Chr. der Großteil des Territoriums des alten Zhou-Reiches von nur sieben großen Königreichen kontrolliert wurde: Yan, Qi, Wei, Zhao, Han, Qin und Chu.

Die unaufhörlichen Kriege der Zeit der Frühlings- und Herbstannalen und der Zeit der Streitenden Reiche trieben den Veränderungsprozess voran, während die Staaten ums Überleben kämpften. Politisch erwies sich die lockere, quasi-feudale Organisation des Königreichs der Westlichen Zhou als unzureichend und wurde in ganz Nord- und Zentralchina durch bürokratisch regierte Regionalkönigreiche ersetzt, die von autokratischen Monarchen regiert wurden und die gesamte Region vom Huang He (Gelben Fluss) bis zum Jangtse abdeckten. Das Überleben erforderte außerdem die Mobilisierung immer größerer Armeen, was dazu führte, dass die aristokratischen, auf Streitwagen beruhenden Heere der Westlichen Zhou durch Fußsoldaten ersetzt wurden, die aus der Bauernschaft rekrutiert und durch Steuern auf die Landwirtschaft finanziert wurden, deren Bezahlung durch die Erfindung einer einzigartig chinesischen Form von Münzen in Form von Miniaturwerkzeugen erleichtert wurde. Der technologische Wandel verstärkte die militärische Macht, da die Verbreitung der Eisentechnologie sowohl eine gesteigerte landwirtschaftliche Produktion ermöglichte, von der das System abhing, als auch die Entwicklung neuer Waffen wie Kettenpanzer und Armbrust. Auf gesellschaftlicher Ebene verwischte der universelle Militärdienst an der Basis der Gesellschaft und die ständig wechselnden Allianzen an der Spitze allmählich den Unterschied zwischen Chinesen und Nicht-Chinesen, da die nicht-chinesischen Bewohner der neuen Königreiche assimiliert wurden, während die Stämme jenseits ihrer Grenzen an die Grenze zwischen China und Zentralasien gedrängt wurden. Kulturell gesehen erschienen die wichtigsten Denkschulen, die das intellektuelle Leben Chinas für den Rest seiner Geschichte dominieren sollten, als Alternative, nachdem die traditionelle Ausbildung der Zhou-Aristokratie, die sich durch *learning by doing* auszeichnete, die neuen Königreiche nicht mit den ausgebildeten Beamten versorgte, die sie für ihre neuen Armeen und Bürokratien benötigten.

Formale Bildung war die Lösung, und »Philosophen« wurden deren Anbieter. Der früheste bekannte Philosoph war der Mann, den westliche Gelehrte als Konfuzius kennen. Das Wenige, was über Konfuzius' Leben bekannt ist, deutet darauf hin, dass er in der Mitte des 6. Jahrhunderts v. Chr. im kleinen Königreich Lu in einer Familie geboren wurde, die zu den Shi, dem niedrigsten Rang der Aristokratie, gehörte, und dass er glaubte, die Lösung für die chaotischen Probleme seiner Zeit sei die Wiederherstellung der hierarchischen Ordnung des Westlichen Zhou-Königreichs durch die Aufrechterhaltung der Rituale und Pflichten, die für Familien auf jeder Ebene der Gesellschaft vom niedrigsten Bauern bis zum König angemessen waren. Nachdem er an einer politischen Karriere gescheitert war, lebte Konfuzius davon, dass er gegen Entgelt Studenten unterrichtete, wie man durch genaues Studium der Bücher regiert, die zum Kanon der fünf Klassiker werden sollten.

Andere Denker wie die Mohisten, welche die zentrale Bedeutung der Familie leugneten und den materiellen Nutzen als höchstes Gut ansahen, kritisierten verschiedene Aspekte von Konfuzius' Lehre, wie etwa seine Betonung der Bedeutung der Ahnen und die aufwendigen Begräbnisrituale, die sie ehrten. Das von ihm geschaffene Modell des professionellen Lehrers, dessen Unterricht auf dem Studium einer begrenzten Anzahl klassischer Texte beruhte, blieb jedoch während der gesamten späteren Geschichte Chinas Standard für die Ausbildung von Beamten und weitete sich sogar auf das Militär aus, wo das Studium von Strategiehandbüchern wie *Die Kunst des Krieges* von Sun-Tzu ein Teil der Ausbildung von Offizieren wurde.

Zusammenfassend lässt sich sagen, dass ab dem späten 7. Jahrhundert v. Chr. die regionalen Königreiche, die Westasien im 2. Jahrtausend v. Chr. und in der frühen Eisenzeit dominiert hatten, verschwanden und durch ein einziges Persisches Reich ersetzt wurden, welches die gesamte Region von Westindien bis zum östlichen Mittelmeer und von Zentralasien bis zur südlichen Grenze Ägyptens und den Ufern des Indischen Ozeans umfasste. Dank der Entstehung des Persischen Reiches bildete dieses riesige Gebiet zum ersten Mal eine einzige, miteinander verbundene politische und wirtschaftliche Einheit.

Die Wirkung dieser Entwicklungen blieb nicht auf das Territorium des Reiches beschränkt. Auch das politische, wirtschaftliche und kulturelle Leben der Völker vom westlichen Mittelmeer bis nach Südasien wurde durch diese Entwicklung grundlegend verändert, da sie an das Netzwerk angeschlossen wurden, das das Reich zusammenhielt. Während Ostasien relativ isoliert vom Persischen Reich und seiner Peripherie blieb, wurde es ebenfalls transformiert: Jahrhunderte voller chronischer und brutaler Kriege brachten eine Reihe kulturell homogener, mächtiger Königreiche hervor, deren Institutionen das Modell für die späteren Königreiche lieferten, die ein vereinigtes China regieren würden.

4 Die neue Welt der makedonischen Königreiche

ca. 4. bis 2. Jahrhundert v. Chr.

Im Jahr 346 v. Chr. beschwerte sich der neunzigjährige athenische Rhetoriker Isokrates bitterlich beim makedonischen König Philipp II. darüber, ...

> ... wie schändlich es ist, mit anzusehen, wie es Asien besser geht als Europa (und) wie die Barbaren wohlhabender sind als die Griechen.
>
> Isokrates, *An Philipp* 132, übers. Ley-Hutton 1993, 108

Seine Bitterkeit war verständlich. Während seines langen Lebens hatte Isokrates die Größe und den Zusammenbruch des Athenischen Reiches miterlebt, gefolgt von jahrzehntelangen inneren Kriegen und gesellschaftlichen Unruhen in der ersten Hälfte des 4. Jahrhunderts v. Chr., als verschiedene griechische Staaten – Sparta, Athen und Theben – erfolglos versuchten, die dominante Position Athens im ägäischen Becken aus dem 5. Jahrhundert v. Chr. zurückzuerobern. Schlimmer noch, er hatte frustriert beobachtet, wie Persien die griechische Schwäche erfolgreich ausnutzte, um das meiste von dem zurückzugewinnen, was es durch seine Niederlage gegen die griechische Allianz zu Beginn des 5. Jahrhunderts verloren hatte.

Der lange Niedergang Athens begann fast unmittelbar nach seinem größten diplomatischen Erfolg: dem Friedensschluss mit Persien im Jahr 449 v. Chr., in dem die Perser endlich den Verlust ihrer anatolischen und ägäischen griechischen Untertanen akzeptierten. Die unmittelbare Folge war, dass der Frieden Athen die Freiheit gab, die Tributgelder der Verbündeten nach eigenem Gutdünken zu verwenden. Die nächsten Jahrzehnte wurden so zum goldenen Zeitalter Athens. Das monumentale Bauprogramm von Tempeln wie dem Parthenon und anderen öffentlichen Gebäuden, deren Überreste noch immer Touristen begeistern, und die meisten der überlieferten Tragödien und Komödien, welche die Griechen während der gesamten Antike und des Mittelalters studierten, entstanden in diesen Jahren. Der athenische Historiker Thukydides behauptete verständlicherweise, dass, wenn Athen verschwinden würde, zukünftige Generationen glauben würden, dass die Macht Athens doppelt so groß war, wie sie wirklich war (Thukydides, *Historien* 1,10,2). Der Wohlstand Athens verbarg jedoch die wachsenden Spannungen zwischen dem Athenischen Reich und Sparta und seinen Verbündeten.

Das erste Anzeichen von Problemen kam 446 v. Chr., kaum drei Jahre nach dem Friedensschluss mit Persien, als Athen gezwungen war, einen Frieden mit Sparta auf 30 Jahre zu schließen, nachdem es nur knapp Rebellionen überlebt hatte, bei denen es alle seine zentralgriechischen Untertanen verlor. 15 Jahre später, im Jahr 431 v. Chr., brach zwischen Athen und Sparta ein umfassender Krieg aus – der sogenannte Peloponnesische Krieg. Thukydides behauptete, dass er anfing, seine Geschichte des Krieges zu schreiben, als dieser begann, weil er voraussah, wie groß er sein würde (Thukydides, *Historien* 1,1,1). Er war vorausschauend. Bis zum Ende des Peloponnesischen Krieges 27 Jahre später, im Jahr 404 v. Chr., hatte der Konflikt fast die gesamte Welt, welche die Griechen kannten, erfasst. Die militärischen Operationen erstreckten sich von Westasien im Osten bis nach Sizilien im Westen und dem Schwarzen Meer im Norden und richteten im gesamten Mittelmeerraum eine beispiellose Verwüstung an.

Ironischerweise war das Ausmaß der Zerstörung das direkte Ergebnis von Athens Erfolg bei der Integration der Volkswirtschaften der Ägäis und der westasiatischen Zivilisationen. Die meisten Athener erlebten diese Integration als eine Förderung ihres Wohlstands. In den Worten eines anonymen athenischen Pamphletisten, dessen Schrift unter den Werken Xenophons überliefert ist:

> Aufgrund der Herrschaft über das Meer haben (die Athener) … Arten von Luxusspeisen entdeckt, indem sie sich unter andere Leute an anderem Ort mischten.
>
> Pseudo-Xenophon, *Verfassung der Athener* 2,7, übers. Weber 2010, 53

Dieselbe Integration hatte jedoch zwei andere, unheilvollere Konsequenzen. Erstens ermöglichten die dadurch bereitgestellten Ressourcen Athen, einen 27 Jahre währenden Krieg aufrechtzuerhalten und vergrößerten die endgültigen Kosten, als er schließlich 404 v. Chr. endete. Zweitens bedeutete die intensive Interaktion zwischen Völkern aus Zentralasien und dem westlichen Mittelmeerraum, dass zum ersten Mal eurasische Pandemien möglich wurden. Thukydides beschrieb anschaulich den Schrecken der ersten all der Seuchen, die zu einem wiederkehrenden Merkmal der Weltgeschichte werden sollten: den der Pest – höchstwahrscheinlich Pocken oder Typhus – von 430 v. Chr., die sich im Persischen Reich und in Griechenland ausbreitete und Athen mindestens ein Drittel seiner aktiven Streitkräfte und eine gewaltige Anzahl von Frauen und Kindern kostete. Fast so schlimm wie die Krankheit selbst war die Demoralisierung, die sie mit sich brachte:

> Leichter wagte nämlich jetzt so mancher, nach Lust und Laune zu machen, was er vorher geheim zu halten versucht hatte, da man ja sah, wie die Dinge abrupt umschlugen: Hier die Begüterten und plötzlich Sterbenden, da Leute, die vorher nichts gehabt hatten und nun auf einmal deren Reichtum besaßen.
>
> Thukydides, *Historien* 2,53,1, übers. Weißenberger 2017, 377

Das Ausmaß der Verwüstung war beispiellos. Athen litt wohl am meisten, da es aus dem Krieg ohne sein Reich hervorging, die Zahl seiner Bürger um die Hälfte reduziert war und seine Demokratie vorübergehend durch eine brutale Oligarchie ersetzt wurde, die von Sparta durchgesetzt wurde. Die Auswirkungen waren in der gesamten athenischen Gesellschaft zu spüren. Durch den Verlust des Reiches und seiner Tribute und durch die Flucht tausender Sklaven verarmte weite Teile der Bevölkerung. Bauernhöfe wurden in ganz Attika zerstört, was die landwirtschaftliche Grundlage der Wirtschaft der Stadt lähmte. Am allermeisten demoralisierten wohl die enormen Kriegsverluste: allein in der letzten Schlacht des Krieges 5000 Tote, zwischen 5 und 10 Prozent der erwachsenen männlichen Bevölkerung Athens. So blieb eine Generation athenischer Frauen übrig, die kaum Hoffnung hatten, einen Ehemann zu finden, und die sich in einer verarmten Gesellschaft durchschlagen mussten, in der es für unabhängige Frauen keine andere Rolle als Bettel und Prostitution gab.

Die Zerstörung war nicht auf Athen beschränkt, sondern erstreckte sich über die gesamte Ägäis. Die griechische Literatur des 4. Jahrhunderts v. Chr. ist voll von Berichten über Städte, die durch erbitterten gesellschaftlichen Streit und die Machtergreifung von Tyrannen – militärischen Diktatoren – zerrissen wurden, deren Herrschaft toleriert wurde, weil sie einen Anschein von Ordnung und Sicherheit wiederherstellten. Nicht einmal Sparta, der Sieger im Peloponnesischen Krieg, kam ungeschoren davon. Der Versuch, Athens Rolle als Hegemon in der Ägäis zu übernehmen, belastete Spartas einzigartige militärisch orientierte Gesellschaft so sehr, dass eine einzige Niederlage im Jahr 371 v. Chr. die Stadt auf den Weg des unumkehrbaren Niedergangs brachte: Sie beraubte sie des Großteils ihres landwirtschaftlichen Landes und der Gemeindesklaven – der Heloten –, welche es bearbeiteten und die militärische Aristokratie unterstützten, die Spartas Bürgerschaft ausmachte.

Noch schlimmer war aus der Sicht von Ideologen wie Isokrates das Folgende: Während die griechischen Städte litten, blühte Persien auf, überstand erfolgreich mehrere Revolten und eroberte sogar Ägypten in den späten 340er-Jahren v. Chr. zurück, fast 60 Jahre, nachdem Ägypten am Ende des 5. Jahrhunderts v. Chr. erfolgreich revoltiert hatte. Am meisten enttäuschte jedoch, dass die griechischen Städte immer wieder die Intervention des persischen Großkönigs suchten, um ihre Streitigkeiten beizulegen, und damit Persien den Einfluss auf die griechischen Angelegenheiten zugestanden, den ihre Vorfahren so hart bekämpft hatten, um ihn über ein Jahrhundert zuvor zu vermeiden.

Es überrascht nicht, dass die Suche nach einer Lösung für die Krise für die griechischen Politiker und Intellektuellen im 4. Jahrhunderts v. Chr. Vorrang hatte. Ihre Bemühungen wiesen bemerkenswerte Parallelen zu den zeitgenössischen Entwicklungen im Land der Streitenden Reiche in China auf. Griechische Diplomaten zum Beispiel handelten wiederholt gemeinsame Friedensverträge aus, nur um sie scheitern zu lassen und den Kreislauf des endlosen Krieges wieder aufzunehmen, während Intellektuelle sich als Lehrer und Berater der politischen Führer anboten. So trat Isokrates wiederholt an mächtige Herrscher heran und drängte sie, ein geeintes Griechenland gegen das Persische Reich zu führen, um die Griechen zu bereichern, indem sie sich den Reichtum der »Barbaren« aneigneten und sie zu Sklaven machten. Andere Denker wie der athenische Soldat und Historiker Xenophon sahen ironischerweise in Kyros II. – dem Gründer des Persischen Reiches – das Modell für die Art von starkem Führer, der die Griechen aus der Unordnung retten konnte, welche sie zerstörte.

Es waren jedoch die Philosophen, welche die tiefgreifendsten und weitreichendsten Antworten auf die Krise gaben. Die ersten griechischen Philosophen erschienen in der ionischen Stadt Milet an der Westküste Anatoliens im frühen 6. Jahrhundert v. Chr. Frühe Philosophen wie Thales füllten die Rolle der priesterlichen Intellektuellen in anderen ostmediterranen und westasiatischen Zivilisationen aus, indem sie rationale Interpretationen der traditionellen Mythen lieferten. Ihre Innovation bestand darin, dass sie versuchten, die von unseren Sinnen wahrgenommene Welt als das Ergebnis geordneter natürlicher Prozesse zu erklären, ohne sich auf die willkürlichen Handlungen der Götter zu berufen.

Theorien über die Natur der letztendlichen Realität verbreiteten sich im 6. und 5. Jahrhundert v. Chr. Bis zum Peloponnesischen Krieg widmeten die Philosophen der Gesellschaft und ihren Problemen jedoch relativ wenig Aufmerksamkeit, obwohl die Sophisten, professionelle Lehrer der Rhetorik und anderer praktischer Fertigkeiten, ihren rationalistischen Ansatz zur Erkenntnis in ihre eigene Lehre einfließen ließen. Als sich jedoch die Umwälzungen in der griechischen Gesellschaft durch den Peloponnesischen Krieg und seine Folgen verschärften, wandten sich die Philosophen zunehmend der Frage zu, was eine gerechte Gesellschaft sei und wie man sie errichten könne.

Der erste uns bekannte Philosoph, der sich mit diesen Fragen beschäftigte, war der athenische Philosoph Sokrates im späten 5. Jahrhundert v. Chr. Mit seiner kritischen Sicht auf die demokratischen Führer als falsche Politiker, deren verhängnisvolle Handlungen auf Meinung statt auf Wahrheit beruhten, zog er Schüler aus der athenischen Oberschicht an. Für die volle Verwirklichung des neuen Trends müssen wir jedoch zu Platon blicken, dem Schüler von Sokrates, der im frühen 4. Jahrhundert v. Chr. die Akademie, die erste philosophische Schule, in Athen gründete. Platon war ein charismatischer Lehrer, dessen Theorie, dass politisches Handeln auf dem Wissen um die wahre Natur der letzten Wirklichkeit beruhen sollte, Schüler aus der ganzen griechischen Welt anzog. Platon versuchte sogar, seine Ideen in der sizilianischen Stadt Syrakus umzusetzen, …

> … weil ich es als äußerst peinlich vor mir selbst empfand, dass es mir selbst scheinen könnte, ich sei in allem geradewegs nur ein Gedanke und werde freiwillig niemals an irgendeine Tat herangehen.
>
> Platon, *Siebter Brief* 328c, übers. Eigler 1977, V 379

Er scheiterte kläglich. Dennoch wurden seine Schüler zu wichtigen politischen Führern in zahlreichen Städten und sogar zu Vormündern von Königen, wie Aristoteles in Makedonien, während die Akademie ein Modell für die Organisation der Ausbildung der griechischen und später der römischen politischen Oberschicht lieferte, das bis zum Ende der Antike Bestand haben sollte.

So brillant die Modelle der gerechten Gesellschaft auch waren, die Platon in seinen beiden großen Werken, dem *Staat* und den *Gesetzen*, beschrieb, sie litten unter zwei lähmenden Schwächen, die von den meisten griechischen Denkern seiner Zeit geteilt wurden. Erstens konnte sich Platon keinen anderen Rahmen für die griechische Gesellschaft vorstellen als die Polis, obwohl die chronischen Spannungen zwischen den Poleis eine der Hauptursachen für die Probleme im Griechenland des 4. Jahrhunderts v. Chr. waren. Zweitens konnten er und seine Zeitgenossen eine der verderblichsten Hinterlassenschaften des 5. Jahrhunderts v. Chr. nicht überwinden: den Glauben, dass Griechen und »Barbaren« natürliche Feinde seien, zwischen denen Krieg immer gerecht sei, und dass Persien der barbarische Feind schlechthin sei. Kombiniert blendeten diese beiden Probleme die Griechen, bis es zu spät für die Erkenntnis war, dass die wirkliche Bedrohung für sie und ihre Lebensweise nicht ihr alter östlicher Feind, Persien, war, sondern ein neuer nördlicher Feind, das Königreich Makedonien.

An der Grenze zwischen den Griechen und den Thrakern und anderen Völkern des Nord- und Westbalkans gelegen, sah sich Makedonien Bedrohungen von allen Seiten ausgesetzt. Wie sein fernöstlicher Zeitgenosse, das Königreich Qin, wurde auch Makedonien kulturell und gesellschaftlich von seinen Nachbarn beeinflusst – den Griechen im Süden und den Thrakern und Illyrern im Norden und Westen –, während chronische Feindseligkeiten mit denselben Nachbarn die Entwicklung eines kriegerischen Ethos förderten.

Über die frühe makedonische Geschichte ist wenig bekannt. Selbst ob die Makedonen Griechen waren, ist unklar, obwohl linguistische Zeugnisse nahelegen, dass Makedonisch ein griechischer Dialekt war. Für die alten Griechen waren die Makedonen jedoch nur eine weitere Gruppe unbedeutender Barbaren, deren Kultur nichts mit ihrer eigenen gemein hatte und deren Könige selten im Bett starben. Es ist daher nicht verwunderlich, dass die Griechen die Gefahr, die von Makedonien ausging, erst erkannten, als das Königreich in den 350er-Jahren v. Chr. bereits zur stärksten Militärmacht auf dem Balkan aufgestiegen war. Die Verwandlung Makedoniens von einem schwachen und instabilen Königreich in die dominierende Militärmacht auf dem Balkan war größtenteils das Werk von Philipp II., dem Vater Alexanders des Großen. Während seiner 24 Jahre währenden Herrschaft von 360 bis 336 v. Chr. zähmte Philipp die makedonische Aristokratie und reorganisierte die makedonische Armee in eine streng disziplinierte, dem König persönlich loyale Truppe aus Reitern und Fußsoldaten und nutzte sie, um ein Reich zu errichten, das sich von Griechenland im Süden bis zur Donau im Norden erstreckte und ungefähr die heutigen Staaten Griechenland, Albanien, die europäische Türkei und Bulgarien umfasste. Die Loyalität hing jedoch von Philipps Fähigkeit ab, seine aristokratischen Offiziere und Truppen zu belohnen, und nur ein Krieg konnte die dafür notwendigen Ressourcen bereitstellen. Gefangen in der Logik seiner eigenen Reformen, hatte Philipp bereits eine Invasion des Persischen Reiches begonnen, als seine Ermordung 336 v. Chr. bei der Hochzeit seiner Tochter all seine Errungenschaften mit dem Ruin bedrohte.

Dass Makedonien nicht in die alte Instabilität zurückfiel, war seinem Nachfolger, seinem 20 Jahre alten Sohn Alexander, zu verdanken. Obwohl er die Nachfolge in einem Königreich antrat, das mit einem Bürgerkrieg im eigenen Land und einer Rebellion der nicht-makedonischen Untertanen konfrontiert war, überlebte Alexander nicht nur wider Erwarten, sondern trug während seiner 13-jährigen Herrschaft von 336 bis 323 v. Chr. die makedonischen Waffen auch bis nach Westindien und vollendete die von Philipp begonnene Eroberung des Persischen Reiches.

Alexanders Eroberung des Persischen Reiches war ebenso bemerkenswert wie die Feldzüge Kyros' II., die zwei Jahrhunderte zuvor zu dessen Gründung geführt hatten. Der größte Teil des Verdienstes gehört Alexanders taktischen und strategischen Fähigkeiten und der außergewöhnlichen Kampffähigkeit seiner Truppen. Auch das Glück spielte eine große Rolle, denn die politische Instabilität, die durch den Streit um die königliche Nachfolge verursacht wurde, untergrub die Widerstandsbemühungen der Perser gegen Alexanders Invasion.

Alexander starb jung im Alter von knapp 33 Jahren, so dass sein Vermächtnis im Wesentlichen negativ war: Er zerstörte das Persische Reich und beendete dessen Herrschaft über Westasien, die der Region mehr als zwei Jahrhunderte lang Stabilität und Wohlstand gebracht hatte. Die Aufgabe, eine neue politische Ordnung in den riesigen, von Alexander eroberten Gebieten zu etablieren, fiel seinen Nachfolgern zu, Männern, denen die jahrtausendealten kulturellen Traditionen der alten Zivilisationen, die sie nun beherrschten, zutiefst fremd waren. Die neue Ordnung, die sie prägten, nennt man die hellenistische, also »griechisch geprägte« Welt, aber diese Bezeichnung untertreibt den Reichtum und die Vielfalt ihrer Errungenschaften.

Abb. 10: Dieses Silbermedaillon, das um 325 v. Chr. zur Verteilung an Alexanders Truppen während oder kurz nach seinem Indienfeldzug geprägt wurde, zeigt auf der (hier nicht abgebildeten) Vorderseite den König mit dem Donnerkeil des Zeus und einem königlichen Zepter. Auf der Rückseite erscheint Alexander als Reiter, der den auf einem Elefanten reitenden indischen König Poros angreift. Die Ikonographie der Münze vermittelte politische und kulturelle Botschaften, in diesem Fall die Feier des Sieges Alexanders über seinen furchterregendsten indischen Gegner.

Eines ist jedoch unumstritten. Der Prozess, durch den die neue politische Ordnung entstand, war lang und gewalttätig. Auf seinem Sterbebett soll Alexander auf die Frage, wem er seine Herrschaft hinterlasse, gesagt haben:

> Dem Besten! Sehe ich doch schon voraus, dass ein großer Streit unter meinen Freunden meine Leichenspiele sein werden.

Diodor, *Historien* 18,1,4, übers. Veh 2005, 13

Alexander erwies sich als guter Prophet. Vier Jahrzehnte erbitterten Bürgerkriegs unter Alexanders Generälen zwischen 323 und 281 v. Chr., in denen die makedonische Königsfamilie vernichtet wurde, waren nötig, bevor ein neues Staatssystem in den ehemaligen Gebieten des Persischen Reiches Gestalt annahm. Anstelle des einheitlichen Staatswesens, welches das Perserreich gewesen war, beherrschten drei große Königreiche, die von makedonischen Dynastien regiert wurden, das riesige Gebiet vom Mittelmeer bis zu den Grenzen Indiens: die Ptolemäer in Ägypten, die Seleukiden im Nahen und Mittleren Osten und die Antigoniden in Makedonien. Diese drei Königreiche bildeten fast zwei Jahrhunderte lang den Rahmen für das politische und kulturelle Leben im westlichen Asien, bis der Vormarsch Roms im Westen und Parthiens im Osten der von Alexanders Eroberungen geschaffenen Welt ein Ende setzte.

Die Griechen waren die Hauptnutznießer dieser Veränderungen. Fast unmittelbar nach Alexanders Tod im Sommer 323 v. Chr. gaben seine Generäle seine Politik der Ernennung von Persern in hohe Ämter auf. Infolgedessen nahmen die Griechen und ihre Kultur in der neuen Ordnung einen privilegierten Platz ein. Anstatt Bürger winziger Poleis zu sein, die über das Mittelmeer und das Schwarze Meer verstreut waren »wie Frösche um einen Sumpf«, um es mit Platons anschaulicher Formulierung zu sagen (Platon, *Phaidon* 109b, übers. Eigler 1977, III 177), wurden sie zu einem integralen Bestandteil der politischen Oberschicht der neuen makedonischen Königreiche.

In ihren riesigen Territorien ersetzte eine vereinfachte Form des Griechischen namens *Koine* (»gemeinsame« Sprache) allmählich das Aramäische als Regierungs- und Handelssprache, und griechische Bildung wurde zum unverzichtbaren Zeichen für gesellschaftliches Prestige und Einfluss. Infolgedessen konnte eine Person vom Mittelmeer bis nach Indien reisen, wenn sie nur Griechisch konnte. Die griechische Geschichte war Teil des Mainstreams der Weltgeschichte geworden, und die griechische Kultur wurde zu einer der wenigen Kulturen, welche die Kulturen anderer Völker, die jenseits der Grenzen ihrer Herkunftsländer lebten, maßgeblich beeinflusste.

Auf den ersten Blick legt all dies nahe, dass die neuen makedonischen Königreiche abgeschottete Gesellschaften waren, aber die Realität sah anders aus. Wie Alexander betrachteten auch die Ptolemäer und Seleukiden ihre Königreiche als ihr persönliches Eigentum, da sie aus Land bestanden, das »mit dem Speer gewonnen worden war.« Ebenfalls wie Alexander regierten sie als Autokraten mithilfe ihrer »Gefährten«, Männern, die sie ursprünglich aus ihren Verwandten und Freunden rekrutierten und denen sie alle Arten von Posten und Aufgaben zuwiesen. Im Laufe der Zeit jedoch, als die Größe und der Umfang ihrer Regierungen zunahmen, wurden Begriffe wie »Freund« und »Verwandter« eher zu Titeln, die auf hohe Regierungsämter hinwiesen, als zu Beschreibungen der tatsächlichen Beziehungen zum König.

Außerhalb ihrer Höfe folgten die makedonischen Könige jedoch dem Beispiel Alexanders und behielten einen Großteil der administrativen und wirtschaftlichen Infrastruktur bei, die unter den Persern bestanden hatte. Vor allem aber verließen sich die neuen makedonischen Könige bei der Verwaltung lokaler Angelegenheiten auf die Kooperation derselben lokalen und priesterlichen Oberschichten, die schon Alexander und den Persern vor ihm gedient hatten.

Für die Könige bedeutete diese Situation, dass sie wie ihre persischen Vorgänger unterschiedliche Rollen für die multiethnischen Bevölkerungen ihrer Königreiche spielen mussten: traditionelle makedonische Könige für ihre makedonischen und griechischen Untertanen, aber babylonische Könige oder Pharaonen für ihre einheimischen Untertanen. Belege für diese königlichen Rollenspiele gibt es reichlich. Ägyptische Künstler stellten die Ptolemäer als Pharaonen und auch als griechische Helden dar. Königliche Wohltaten und Siege wurden in griechischen und hieroglyphischen Inschriften in Ägypten und griechischen und keilschriftlichen Inschriften in Mesopotamien gefeiert. Vor allem aber erfüllten die Ptolemäer und Seleukiden aktiv die Hauptaufgabe der antiken Könige, den Frieden mit den Göttern aufrechtzuerhalten, indem sie sowohl griechische als auch nichtgriechische Tempel errichteten, die traditionelle Rituale durchführten und die Tempel und ihre Priester mit den nötigen Mitteln ausstatteten, um die von den Göttern geforderten Rituale und Opfer angemessen durchzuführen.

Bei der Umsetzung dieses Programms standen sie jedoch vor einem grundlegenden Problem: der Demographie. Es gab schlichtweg nicht genug Makedonen und Griechen, um die ihnen zugedachten Rollen in den neuen Königreichen zu erfüllen. Die Ptolemäer und Seleukiden erbten die überlebenden Veteranen Alexanders, aber ihre Zahl war begrenzt. Immigration füllte die Lücke teilweise, aber die Einwanderer waren hauptsächlich Soldaten und daher größtenteils männlich; und in jedem Fall ging das Ausmaß der Einwanderung im Laufe des 3. Jahrhunderts v. Chr. zurück. Mischehen lösten einen Teil des Problems, aber das unvermeidliche Ergebnis war, dass im Laufe der Zeit immer mehr so genannte Griechen in Wirklichkeit assimilierte Nicht-Griechen waren, die wegen der damit verbundenen Möglichkeiten eine griechische Identität annahmen – ein Prozess, der umso einfacher war, als die griechische Identität zunehmend eine Frage der Bildung und nicht der Abstammung war.

Der gesellschaftliche Wandel beschränkte sich jedoch nicht auf Fragen der Identität. Die Verbreitung eines griechischen Lebensstils in den neuen Königreichen brachte die Ausweitung des Einsatzes von Sklaven in den Haushalten und in der Wirtschaft insgesamt mit sich. Gleichzeitig stiegen, zumindest in Ägypten, wo Papyri, die aus Abfallgruben und Mumienkartonagen geborgen wurden, Einblicke in das tägliche Leben gewähren, die Möglichkeiten der Frauen aus der griechischen Oberschicht deutlich an, da sie zum ersten Mal Zugang zu Bildung erhielten. Ebenso wichtig ist, dass sie durch die Nutzung des ägyptischen Rechts, das Frauen die Fähigkeit zuerkannte, in ihrem eigenen Namen zu handeln, das Recht erlangten, ihren eigenen Besitz zu kontrollieren und Geschäfte zu tätigen, ohne auf das Wohlwollen eines männlichen Vormunds angewiesen zu sein. Leider geht aus den erhaltenen Zeugnissen nicht hervor, ob griechische Frauen im seleukidischen Reich von ähnlichen Privilegien Gebrauch machten, die den Frauen im babylonischen Recht zugestanden wurden.

Das Ergebnis dieser Veränderungen war eine gesellschaftliche und kulturelle Revolution, die sich langsam, aber stetig im Gebiet des ehe-

Abb. 11: Der Stein von Rosetta enthält drei Versionen eines Dekrets, das in hieroglyphischem und demotischem Ägyptisch und in Griechisch eingraviert ist; das Dekret wurde von einer allgemeinen Versammlung der Oberpriester Ägyptens erlassen, um die Krönung des Ptolemaios V. zum König von Ägypten im Jahr 196 v. Chr. zu feiern. Es veranschaulicht die Zusammenarbeit zwischen dem makedonischen König und der Priesterschaft, die für die Aufrechterhaltung der makedonischen Herrschaft in Ägypten unerlässlich war.

maligen Persischen Reiches ausbreitete und einen Großteil der einheimischen Oberschicht ihrer eigenen Gesellschaft und ihrer traditionellen Kultur entfremdete. Es überrascht nicht, dass es Widerstand gegen die neue, griechisch dominierte Ordnung gab. Einige Beispiele waren persönlich, etwa das eines makedonischen Einsiedlers, der sich bei einem Regierungsbeamten darüber beschwerte, dass seine ägyptischen Nachbarn in das Heiligtum, in dem er lebte, eingedrungen waren:

> Sie drangen gewaltsam ein, um mich herauszuschleppen und mich stumm zu machen, wie sie es schon früher … unternommen hatten, weil ich ein Grieche bin.
>
> Papyrus UPZ 7, 17–22, übers. Hengstl 1978, 106 Nr. 38

Einige Rebellionen erschütterten ganze Gesellschaften, darunter der Aufstand, der die Herrschaft der in Oberägypten Ansässigen für zwei Jahrzehnte am Ende des 3. Jahrhunderts v. Chr. wiederherstellte, und der jüdische Aufstand in den 160er-Jahren v. Chr., der den Versuch des Seleukidenkönigs Antiochos IV. vereitelte, das Judentum zu unterdrücken, und den die Juden noch heute mit dem Chanukka-Fest feiern. Der relative Erfolg dieser Revolten war jedoch die Ausnahme, nicht die Regel. Typischer waren die Verhältnisse in den neuen Städten, die Alexander und seine Nachfolger von Ägypten bis Indien gründeten.

Alexandria war die erste und berühmteste dieser neuen Städte und die Stätte des Grabes von Alexander dem Großen. Die ersten drei Ptolemäer verwandelten sie in die führende Stadt der hellenistischen Welt mit einer multiethnischen Bevölkerung, die schließlich eine halbe Million Menschen erreichte und Makedonen, Griechen, Ägypter sowie eine große und lebendige jüdische Gemeinde umfasste. Das deutlichste Symbol für die Dynamik und Originalität des hellenistischen Alexandria war sein charakteristisches Monument, der Pharos. Erbaut von dem Architekten Sostratos von Knidos für Ptolemaios II., war der Pharos der erste Wolkenkratzer, ein über 100 m hoher Turm, gekrönt von einer Statue des Zeus Soter (»Erlöser«), dessen Leuchtfeuer, das von Spiegeln weit aufs Meer hinaus reflektiert wurde, Schiffe nach Alexandria leitete und Waren aus der ganzen den Griechen bekannten Welt in die Stadt brachte.

Alexandria war eine kosmopolitische Stadt. Am offensichtlichsten waren die griechischen Aspekte wie der gitterförmige Straßenplan und die beiden großen kulturellen Stiftungen der Ptolemäer: das Forschungszentrum, bekannt als das Museum, in dem angesehene Gelehrte, unterstützt durch Regierungsstipendien, Forschungen in Wissenschaft und griechischer Literatur durchführten, und die königliche Bibliothek, die Abschriften jedes in Griechisch geschriebenen Buches enthalten haben soll, eine Sammlung, die schließlich 700 000 Papyrusrollen erreichte.

Funde aus den Friedhöfen und aus dem königlichen Viertel, das heute im Hafen von Alexandria unter Wasser liegt, deuten freilich darauf hin, dass die Stadt eine Mischkultur besaß. Es stellt sich heraus, dass die Ptolemäer den Pharos schmückten und ihre Hauptstadt mit ägyptischer Kunst füllten und dass Griechen der Oberschicht in Gräbern bestattet wurden, die griechische und ägyptische Rituale und Ikonographie kombinierten. Und Alexandria war nicht einzigartig, denn die Archäologie hat eine ähnliche Mischung aus griechischen und nicht-griechischen architektonischen Stilen in Ai Khanum in Baktrien am anderen Ende der hellenistischen Welt entdeckt.

Die griechische Kultur blühte in den neuen Königreichen. In der Tat wurden einige der größten Meisterwerke der griechischen Literatur und Kunst in den drei Jahrhunderten nach dem Tod Alexanders des Großen geschaffen, während neue Philosophien wie der Epikureismus und der Stoizismus beliebt wurden, deren Lehren betonten, wie der Einzelne in einer chaotischen Welt zur Zufriedenheit gelangen konnte. Ein zentrales Merkmal der griechischen Kultur in der hellenistischen Periode war jedoch die Entwicklung eines Bildungssystems, das auf den großen Schriftstellern des archaischen und klassischen Griechenlands beruhte und sowohl für Griechen als auch für Nicht-Griechen zugänglich war. Genau wie im Zusammenhang mit den *Veden* in Indien und den fünf konfuzianischen Klassikern in China schufen die Gelehrten neue Disziplinen wie die Grammatik, um die Texte der homerischen Epen und anderer klassischer Schriftsteller festzuschreiben, ihre authentischen Werke zu identifizieren und obskure Anspielungen in ihnen und die Besonderheiten ihrer Sprache zu erklären. Infolgedessen blieben diese Werke verständlich und fungierten weiterhin als Vorbilder für zeitgenössische Schriftsteller.

Die Verbreitung der griechischen Bildung unter Nicht-Griechen brachte dramatische Ergebnisse. Da die antiken Schreibertraditionen Ägyptens und Babyloniens nicht mehr das Tor zu einträglichen Regierungskarrieren waren, nahm ihre Attraktivität für die lokalen Oberschichten ab, was zu ihrem unvermeidlichen Niedergang führte. Gleichzeitig wurde die griechische Sicht auf die bewohnte Welt zu einem umstrittenen Thema, da nicht-griechische Intellektuelle wie der Ägypter Manetho und der Babylonier Berossos Geschichten ihrer Völker in griechischer Sprache verfassten, die jedoch auf einheimischen Quellen beruhten. Auch griechische Übersetzungen einheimischer Texte wurden geschaffen. Die spektakulärste und letztlich einflussreichste war die *Septuaginta,* die griechische Übersetzung der hebräischen Schriften, die auf eine Initiative von Ptolemaios II. zurückging und für die frühen Christen zum grundlegenden Quellenbuch über das Judentum wurde.

Besonders lebendig war jedoch die kulturelle Interaktion in der Wissenschaft. Obwohl praktisch jeder Bereich der Wissenschaft betroffen war, sollen zwei Beispiele das Phänomen illustrieren. Der Zugang zum Korpus der babylonischen astronomischen Beobachtungen ermöglichte es dem Mathematiker und Astronomen Hipparchos im frühen 2. Jahrhundert v. Chr., eine Sternenkarte zu erstellen, die in den *Almagest* des Gelehrten Claudius Ptolemaios aus dem 2. Jahrhundert n. Chr. aufgenommen wurde und bis zur wissenschaftlichen Revolution der Neuzeit Standard in der islamischen und europäischen Astronomie blieb. Gleichzeitig bereicherte die Ausweitung des Handels die Heilkunst der Griechen mit neuen Medikamenten aus Ägypten, Mesopotamien und Indien. Sogar die Religion wurde beeinflusst, da sich ägyptische Kulte wie die von Isis und Osiris, das Judentum, die mesopotamische Astrologie und sogar der Buddhismus an die Bedürfnisse der neuen griechischen Anhänger anpassten.

Die Etablierung der makedonischen Königreiche brachte zwar bemerkenswerte Veränderungen im gesellschaftlichen und kulturellen Leben des antiken Eurasiens mit sich, doch blieb der politische Einfluss dieser Königreiche weitgehend auf das Territorium ihres persischen Vorgängers beschränkt, und dann nicht auf das gesamte Gebiet.

Dynastien, die von der alten persischen Aristokratie abstammten, herrschten weiterhin über ausgedehnte Territorien im Westen, einschließlich Armeniens und eines Großteils von Zentral- und Nordanatolien, während im Osten die makedonische Herrschaft über den Nordwesten von Indien das 4. Jahrhundert v. Chr. nicht überlebte.

Das war so nicht vorgesehen. Am Ende seiner Regierungszeit wollte Alexander in Arabien einmarschieren; in seinem Nachlass wurden auch Pläne für Feldzüge gegen Karthago und Italien im Westen gefunden. Dass die Durchführbarkeit dieser Feldzüge bereits in der Antike diskutiert wurde, ist unerheblich, da Alexanders Zukunftspläne ohnehin von seinen Offizieren und Truppen unmittelbar nach seinem Tod in Babylon im Sommer 323 v. Chr. abgesagt wurden. Die Reichweite des wirtschaftlichen und kulturellen Einflusses der makedonischen Reiche war jedoch weitaus größer. Handelswaren im griechischen Stil finden sich von Nordafrika und Spanien im Westen bis tief nach Zentralasien im Osten und von Südarabien und Nubien im Süden bis zu den eurasischen Steppen im Norden. Die Arbeit griechischer Handwerker und Künstler verbreitete sich über dasselbe Gebiet, während die Stadtplanung und Architektur der nicht-griechischen Städte ein Echo auf Alexandria und Antiochia und die anderen neuen Städte war, die von Alexander und seinen Nachfolgern gebaut wurden.

Das Ergebnis war ein Paradox. Einerseits reichte der Einfluss der griechischen Kultur weit über die Grenzen der makedonischen Königreiche hinaus und wurde zu einer Art kultureller *lingua franca*. Nicht-griechische Herrscher – Thraker, Iraner und Juden – gaben Münzen mit griechischen Porträts heraus, förderten griechische Tempel, suchten Ehrungen durch griechische Städte und rühmten sich, Philhellenen, Freunde der Griechen, zu sein. Auf der anderen Seite bedeutete die Absage von Alexanders geplanten zukünftigen Feldzügen, dass die politische Geschichte der Staaten jenseits der Grenzen der makedonischen Königreiche eigenständige Bahnen verfolgte.

Am engsten waren die Beziehungen zu den makedonischen Königreichen mit den Staaten an ihrer unmittelbarer Peripherie. Auf der arabischen Halbinsel blühten die vier südarabischen Königreiche auf, indem sie den Weihrauchhandel mit den mediterranen und westasiatischen Staaten kontrollierten und als Zwischenhändler im Seehandel zwischen Südasien und dem Nahen Osten und Nordostafrika fungierten. Auf der anderen Seite des Roten Meeres, im oberen Niltal, stieg Kusch auf und versorgte das ptolemäische Ägypten mit afrikanischen Waren, von Sklaven bis hin zu exotischen Tieren und Elfenbein; es nutzte seinen neuen Reichtum, um seine Hauptstadt Meroë und andere Stätten mit Tempeln zu schmücken, die zeitgenössischen ägyptischen Modellen nachempfunden waren. Zur gleichen Zeit versuchten die Ptolemäer im 3. Jahrhundert v. Chr., eine afrikanische Quelle für Kriegselefanten zu finden, um dem Monopol ihrer seleukidischen Rivalen auf indische Elefanten entgegenzuwirken, was bedeutete, dass die Beziehungen zwischen Ägypten und Kusch besonders eng wurden. Das Ergebnis war eine politische und kulturelle Revolution in Kusch, die von Königen mit engen Verbindungen zu den Ptolemäern angeführt wurde. Lokale Gottheiten wie der königliche Kriegsgott Apedemak gewannen neue Bedeutung. Auch wurde das Ägyptische als Regierungssprache durch die einheimische meroïtische Sprache ersetzt, die in einer neuen alphabetischen Schrift geschrieben wurde. Sie war leichter zu erlernen als die ägyptischen Hieroglyphen, die seit der Gründung des Königreichs sechs Jahrhunderte zuvor verwendet worden waren.

Im Gegensatz dazu waren das zentrale und westliche Mittelmeer und Kontinentaleuropa wie Welten für sich. Die Handelsbeziehungen mit den ägäischen und makedonischen Königreichen waren eng, und die Mode aus dem östlichen Mittelmeerraum verbreitete sich westwärts. In der gesamten Region wurden das Griechische und die griechische Kultur zu einem wichtigen Bestandteil des aristokratischen Lebens, aber sie wurden nicht zum Schlüssel für gesellschaftliche Prominenz und Regierungsdienst, wie es im Osten der Fall war. Stattdessen wurden sie in die lokalen Kulturen integriert und brachten lebendige Mischformen hervor, in denen einheimische Werte in griechischen Formen ausgedrückt wurden, wie etwa das römische Epos, das römische historische Themen und homerischen Stil verschmolz.

Ihre fehlende Verwicklung in die Konflikte des östlichen Mittelmeers bedeutete nicht, dass die Staaten des zentralen und westlichen

Mittelmeers in Frieden lebten. Ganz im Gegenteil, während des 4. und frühen 3. Jahrhunderts v. Chr. festigten Karthago und Rom, die beiden Hauptmächte in der Region, ihre Macht. Karthago etablierte seinen Einfluss auf die Mittelmeerinseln und Nordafrika vom heutigen Tunesien bis zum Atlantik, während Rom die Etrusker und Samniten zerschlug und ganz Italien von der Poebene bis nach Sizilien in einer gewaltigen militärischen Föderation vereinigte und damit die Bühne für eine jahrhundertelange Konfrontation bereitete, die den Rahmen des politischen und kulturellen Lebens im westlichen Eurasien für den Rest der Antike entscheidend verändern sollte.

In Europa nördlich der Alpen waren die Verhältnisse komplizierter. Die Handelswege, die kontinentale Waren wie Metalle, Bernstein, Tierhäute und Sklaven in den Süden und mediterrane Waren wie Wein, Luxusmetallwaren und Münzen in den Norden brachten, funktionierten weiterhin. Die schnell wachsende Bevölkerung füllte jedoch das zugängliche Ackerland auf; dadurch wurde es aber für ehrgeizige Krieger schwieriger, Status durch den Aufbau einer persönlichen Gefolgschaft dadurch zu erlangen, dass man sie mit dem Erlös erfolgreicher Raubzüge belohnte. Für einige lag die Lösung im Söldnerdienst im Mittelmeerraum und in westasiatischen Reichen, aber viele entschieden sich auch für Migration, die es aufstrebenden Häuptlingen ermöglichte, neue Gebiete für sich und ihre Anhänger zu erschließen.

Das Zeitalter der keltischen Migrationen dauerte vom späten 5. Jahrhundert v. Chr. bis zur ersten Hälfte des 3. Jahrhunderts v. Chr. Keltische Bevölkerungen und die damit verbundene La-Tène-Kultur zogen südlich über die Alpen nach Norditalien und südöstlich das Donautal hinunter zu den westlichen Küsten des Schwarzen Meeres und schließlich nach Zentralanatolien. Für die Schriftsteller und Künstler, welche die erhaltenen literarischen und visuellen Bilder der Kelten schufen, waren diese Menschen furchterregende Krieger, die nackt in die Schlacht zogen, Köpfe sammelten und Menschenopfer praktizierten – was alles zutraf, aber nicht die ganze Geschichte war. Wo auch immer sie sich niederließen, bildeten sich hybride Kulturen, als sich La-Tène-Traditionen mit lokalen Kulturen vermischten und keltisch-etruskische Städte in Norditalien, thrakisch und skythisch beeinflusste keltische Kulturen in Osteuropa und der westlichen Schwarzmeersteppe und in Anatolien hellenisierte keltische Königreiche hervorbrachten, die Vorläufer der Galater, an die sich Paulus im 1. Jahrhundert n. Chr. wandte.

Die direkten und indirekten Auswirkungen von Alexanders Eroberungen waren nicht auf das westliche Eurasien beschränkt. Ebenso revolutionäre Entwicklungen fanden auch in Südasien am östlichen Ende der hellenistischen Welt statt. Während Alexander eindeutig hoffte, die Kontrolle über seine Eroberungen in Westindien zu behalten, erwies sich seine Organisation der indischen Satrapien seines Reiches als unzureichend, so dass die makedonische Präsenz in Indien bis zum Ende des 4. Jahrhunderts v. Chr. verschwunden war.

In einer verständlichen Reaktion auf die übertriebene Bedeutung, die Historiker des britischen Raj dem Alexander zuschrieben, behaupten indische nationalistische Historiker, dass Alexanders Invasion nur eine gewaltsame Episode ohne langfristige Bedeutung für die indische Geschichte war – aber auch das ist eine Übertreibung. Obwohl Alexander nur wenig in Indien schuf, das sein Leben überdauerte, hatte sein Feldzug einen bedeutenden Einfluss auf den Verlauf der indischen Geschichte. Insbesondere durch die Destabilisierung eines Großteils Westindiens und des Punjab schuf Alexander einen politischen Raum, den die lokalen indischen Herrscher eilig auszufüllen versuchten. Der erfolgreichste unter diesen Herrschern war Chandragupta Maurya. Während seiner fast drei Jahrzehnte dauernden Herrschaft von 326 bis 297 v. Chr. nutzte er die chaotische Situation im Nordwesten Indiens nach Alexanders Tod, um ein kleines Königreich zu errichten. Es diente als Basis, von der aus seine Streitkräfte über die nordindische Ebene hinwegfegten und das Königreich Magadha im Ganges-Tal stürzten, womit sie den Grundstein für das erste indische Reich legten und letztlich den Verlauf der südasiatischen und schließlich der zentral- und ostasiatischen Geschichte veränderten.

Obwohl Chandraguptas Ruhm als großer Herrscher und Eroberer bis in die Spätantike andauerte, ist wenig über sein Leben bekannt.

Indische Quellen charakterisieren ihn abwechselnd als Mitglied des Kshatriya Varna und Thronfolger von Magadha und als Shudra, der als Jain-Mönch starb, während die griechische Tradition ihn als Bewunderer und Nachfolger Alexanders darstellt. Klar ist jedoch, dass Chandragupta um 305 v. Chr. ganz Nordindien unter seine Kontrolle gebracht hatte und stark genug war, Seleukos I. zu zwingen, einen Vertrag zu unterzeichnen, in dem er das gesamte makedonische Territorium im Nordwesten Indiens abtrat und einem Heiratsbündnis mit dem indischen König zustimmte, im Austausch für 500 Kriegselefanten mitsamt ihren Treibern und Trainern sowie für die Anerkennung der seleukidischen Kontrolle über Baktrien.

Mit seiner westlichen Grenze, die durch ein Bündnis mit Seleukos I. gesichert war, konnte sich Chandragupta darauf konzentrieren, sein Königreich zu organisieren und die ehemalige Nanda-Hauptstadt Pataliputra in eine Stadt in der Größenordnung von Alexandria im Westen zu verwandeln. Infolgedessen verlagerte sich das Zentrum der indischen Kultur vom Indus- ins Ganges-Tal, wo es für den Rest der Antike bleiben sollte.

Das Maurya-Reich erreichte seinen Höhepunkt jedoch während der Herrschaft von Chandraguptas Enkel, Ashoka, dessen Reich den größten Teil Südasiens vom Nordwesten Indiens bis südlich des Dekkan-Plateaus umfasste. Seine diplomatischen Beziehungen reichten zudem von der Ägäis im Westen bis nach Nepal, Südindien und Sri Lanka im Osten.

Lange war nur wenig über Ashoka bekannt, bis europäische Gelehrte im 19. Jahrhundert seine bemerkenswerten Inschriften entzifferten, die einen einzigartigen Einblick in seine Reaktion auf die Realitäten der Herrschaft gaben:

> Als der König Devanampiya Piyadasi acht Jahre geweiht war, wurden die Kalingas erobert. Nicht weniger als 150 000 Menschen wurden von dort deportiert, nicht weniger als 100 000 dort getötet, beinahe ebenso viele starben. … Das ist die Einstellung des Göttergeliebten, nachdem er Kalinga erobert hat. Wenn nämlich einer ein unerobertes (Gebiet) erobert, dann erscheint, was dabei an Gemetzel oder Sterben

> oder Deportation von Leuten geschieht, dem Göttergeliebten außerordentlich schmerzlich und schwerwiegend.
>
> Ashoka, *Felsenedikt* 13A–E, übers. Schneider 1978, 117

Das Ergebnis von Ashokas persönlicher Erfahrung mit der Gewalt der Eroberung war zweifach. Als König übernahm er eine Herrschaftsideologie, die auf der Toleranz gegenüber allen Religionen und der Gewaltlosigkeit gegenüber Menschen und Tieren beruhte und die er Dharma, den Weg, nannte. Ashoka verkündete das Dharma in seinem gesamten Reich in einer bemerkenswerten Reihe von Inschriften, die er in den verschiedenen Sprachen seiner Untertanen verfasste – Griechisch und Aramäisch im Nordwesten und Prakrit im zentralen Kern –, und machte seine Durchsetzung zur zentralen Aufgabe der Beamten seiner Regierung. Persönlich konvertierte er zum Buddhismus.

Wie der römische Kaiser Konstantin im 4. Jahrhundert n. Chr. glaubte Ashoka, dass er als König das Recht hatte, eine aktive Rolle in seiner neuen Religion zu spielen. Er übernahm die Schirmherrschaft über das Konzil von Pataliputra um 250 v. Chr., wo der Kanon der authentischen Werke des Buddha festgelegt wurde. Er ordnete auch den Ausschluss abweichender Mönche und Nonnen aus dem buddhistischen Orden an und errichtete in seinem ganzen Reich Stupas – Monumente, die angeblich Reliquien des Buddha enthielten und zu Pilgerstätten wurden. Er sandte sogar Missionare aus, um das Wissen über sein Dharma in den Nachbarländern zu verbreiten, einschließlich Sri Lanka im Süden und den makedonischen Königreichen im Westen. Überall waren …

> … zwei (Arten von) Heilbehandlung eingerichtet worden, Heilbehandlung für Menschen und Heilbehandlung für (domestizierte) Tiere.
>
> Ashoka, *Felsendedikt* 2A, übers. Schneider 1978, 105

Leider haben wir keine Informationen über den Empfang, den Ashokas Missionare in der griechischen Welt erhielten, aber ein wichtiges Ergebnis der Etablierung von dauerhaften Verbindungen zwischen

Maurya-Indien und dem griechisch-makedonischen Westen war eine revolutionäre Veränderung im griechischen und später römischen Verständnis von Indien.

Obwohl sich das Wissen über Indien während der gesamten hellenistischen Periode erweiterte, wurde der wichtigste Beitrag zum neuen Verständnis der indischen Gesellschaft und Kultur von Megasthenes geleistet, dem Botschafter von Seleukos I. am Hof von Chandragupta. Das Buch, das Megasthenes über Indien schrieb, ist zwar insgesamt später verloren gegangen, doch verließen sich griechische und römische Geographen und Historiker während des gesamten Rests der Antike auf es, um Informationen über Indien zu erhalten. Ihre Zusammenfassungen machen es immer noch zu einer wichtigen Informationsquelle über das alte Indien. Dank Megasthenes' Werk wurde die vorherrschende griechische und römische Sicht auf Indien die eines riesigen Landes, das von einer zentralisierten Monarchie regiert wurde, in der die Plätze der Menschen in der Gesellschaft durch die Kaste bestimmt wurden, in die sie hineingeboren wurden, anstatt eines Landes voller fantastischer Monster wie hundeköpfiger Menschen, wie man vor der Invasion Alexanders des Großen geglaubt hatte.

Die direkten Auswirkungen von Alexanders Eroberungen reichten jedoch nicht über Südasien hinaus. Wie der ferne Westen, so blieb auch der Ferne Osten praktisch eine eigene Welt mit nur losen Verbindungen zum Rest Eurasiens, und wie zuvor war es der Krieg, der die Entwicklungen in China im 4. und 3. Jahrhundert v. Chr. vorantrieb.

Die Periode der Streitenden Reiche hat einen treffenden Namen. Nach der Zählung eines Gelehrten (Li 2013, 187–188) gab es zwischen dem späten 6. Jahrhundert v. Chr. und dem frühen 3. Jahrhundert v. Chr. 358 Kriege – ein Niveau zwischenstaatlicher Gewalt, das in der Weltgeschichte praktisch beispiellos ist. Es überrascht nicht, dass das Hauptziel der sieben großen Königreiche, die Nord- und Zentralchina beherrschten, darin bestand, die größten und effektivsten Armeen für die scheinbar endlosen Kriege aufzustellen, die sie führten. Neu im 4. und 3. Jahrhundert v. Chr. war jedoch, dass sich das Ziel des

Krieges vom Sieg in der Schlacht zur totalen Zerstörung des Feindes und der Annexion seines Territoriums änderte. Beispielhaft für die neue Herangehensweise an die Kriegsführung war die Aktion des Qin-Generals Bai Qi (Gongsun Qi), der nach seinem entscheidenden Sieg über das Königreich Zhao im Jahr 260 v. Chr. angeblich 400 000 gefangene Soldaten lebendig begrub und damit den letzten Rivalen für die Etablierung von Qin als mächtigstem Königreich in Nordchina ausschaltete.

Der andauernde Krieg erzwang Veränderungen in den gesellschaftlichen und politischen Systemen der Königreiche, am dramatischsten jedoch in Qin, wo der Reformer Shang Yang im 4. Jahrhundert v. Chr. eine gründliche Reorganisation der Rechts- und Steuerstruktur des Königreichs durchsetzte. Diese zielte darauf ab, das militärische Potenzial durch die Stärkung der landwirtschaftlichen Basis zu maximieren. Fortan war die Grundlage der Qin-Gesellschaft eine landwirtschaftliche Einheit, die aus einer Kernfamilie bestand, deren männliche Mitglieder alle zum Militärdienst eingezogen wurden und deren Stellung in der Gesellschaft durch den Rang bestimmt wurde, den sie aufgrund der Anzahl der in der Schlacht gesammelten feindlichen Köpfe erreichten. Gleichzeitig beließ das endgültige Verschwinden der erblichen Aristokratie, die den Kampf unter den Zhou dominiert hatte, keinen Puffer zwischen der Masse der Bevölkerung und den zunehmend autokratischen Königen und den Bürokratien, durch die sie ihre Reiche regierten.

Die außergewöhnliche Gewalt der Zeit der Streitenden Reiche führte auch zu grundlegenden Veränderungen im chinesischen Geistesleben. Wie im zeitgenössischen Griechenland bemühten sich die chinesischen Philosophen, eine Lösung für die Krise zu finden. Die Vorschläge variierten stark, aber alle stimmten darin überein, dass das konfuzianische Ideal des Regierens durch Vertrauen auf ein Beispiel, das von den Werten der Zhou-Aristokratie geprägt war, irrelevant war. Ein Extrem stellten die Daoisten dar, deren Weise das Heil in einer Rückkehr zur Vollkommenheit des Dao, der ursprünglichen Ordnung der Welt, und der Ablehnung der Künstlichkeiten der Zivilisation suchten. Die daoistische Einstellung zum

»unnatürlichen« Charakter der Zivilisation wird gut durch eine Passage im *Chuang Tzu* (*Zhuangzi*) veranschaulicht, in der ein weiser Mann über eine vor 3000 Jahren gestorbene und in einem Tempel aufbewahrte Schildkröte fragt:

> Was wäre dieser Schildkröte lieber, tot zu sein und mit ihren Knochen derart aufbewahrt zu werden, oder würde sie nicht viel lieber noch leben und ihren Schwanz durch den Schlamm ziehen?
>
> *Chuang Tzu* 17,11, übers. Kalinke 2019, 189

Die einflussreichste der Denkschulen in der Zeit der Streitenden Reiche waren jedoch die Legalisten, deren Ansicht, dass die Regierung auf einer klaren und konsequenten Herrschaft des Rechts beruhen sollte, den Reformen von Shang Yang zugrunde lag:

> (Der König) verlangt, dass das, was danach kommt, mit dem übereinstimmen soll, was vorher war, (und) regiert die Massen nach dem Gesetz. … Wenn er sicherstellen kann, dass die Menschen keine unverdienten Belohnungen erhalten und ihre Autorität nicht überschreiten, dass Todesstrafen gerecht verhängt werden und kein Verbrechen ungestraft bleibt, dann werden böse und böswillige Menschen keinen Raum finden, um ihre privaten Pläne auszuführen.
>
> Hanfeizei, übers. n. Wang 2003, 122

Auch die Verbindungen zwischen den chinesischen Königreichen und den Völkern Zentralasiens wurden während der Zeit der Streitenden Reiche deutlich enger. Die Entdeckung von chinesischen und iranischen Luxusgütern in den gefrorenen Gräbern von Pazyryk in Südsibirien und das Auftauchen skythischer Tiermotive in der chinesischen Kunst zeugen von Handelsbeziehungen über Chinas Nordgrenze hinweg. Was das chinesische Interesse an Zentralasien antrieb, war der Wunsch nach Pferden für die Reiterei, die in den Kriegen des 4. und 3. Jahrhunderts v. Chr. eine immer wichtigere Rolle spielte. Gleichzeitig führte die Umwandlung von Weideland in Ackerland, um die von den legalistischen Reformen geforderte landwirtschaftliche Expansion zu unterstützen, zu wachsenden Spannungen zwischen Qin und den Völkern der Steppe und bereitete die Bühne für die Konflikte mit Nomadenstaaten wie dem der Xiongnu, die einen Großteil der restlichen Geschichte Chinas dominieren sollten.

Das 4. und 3. Jahrhundert v. Chr. war eine Zeit des Umbruchs in ganz Eurasien. Innerhalb von etwas mehr als einem Jahrhundert änderte sich das politische und kulturelle Leben radikal. Die weitreichendsten Veränderungen gab es in Westasien, wo das Verschwinden des Persischen Reiches den Anfang vom Ende politischer und kultureller Strukturen markierte, die fast drei Jahrtausende überdauert hatten. Ähnliche, wenn auch nicht so dramatische Veränderungen gab es auch in Süd- und Ostasien. Es entstanden neue intellektuelle und religiöse Traditionen, die für den Rest der Antike die Elitenbildung dominieren sollten und sich in der Region ausbreiteten. Gleichzeitig weiteten sich die Handelsbeziehungen aus und verbanden die großen Staaten sowohl untereinander als auch mit Völkern und Staaten jenseits ihrer Peripherien und legten so den Grundstein für die zunehmend globalisierte Wirtschaft des 2. und 1. Jahrhunderts v. Chr. und der ersten Jahrhunderte n. Chr.

5 Der Aufstieg der Peripherien: Rom und China

ca. 3. bis 2. Jahrhundert v. Chr.

Im Jahr 128 v. Chr. kam ein Abgesandter des Han Wudi (des Kaisers Wu von Han) namens Zhang Qian in Baktrien an. Seine zehnjährige Reise war lang und beschwerlich gewesen. Die meiste Zeit war er ein Gefangener der Xiongnu, des mächtigsten Nomadenstaats in Zentralasien, gewesen und hatte sogar eine Xiongnu-Frau geheiratet, die mit ihm floh, als er entkam. Was er vorfand, als er endlich Baktrien erreichte, erstaunte ihn. In dem Bericht über seine Erlebnisse, den Zhang Qian zwei Jahre später Han Wudi überreichte (übers. Watson 1969, 274–280), beschrieb er Baktrien als eine bevölkerungsreiche und wohlhabende Region, die unter einer Reihe von Stadtstaaten aufgeteilt war, die der Föderation der Yuezhi unterstanden, die nördlich des Flusses Oxos, dem heutigen Amudarya, lag. (Die Yuezhi waren Nomaden, die wahrscheinlich Tocharisch sprachen; diese indoeuropäische Sprache ist vor allem aus buddhistischen Manuskripten bekannt, die zu Beginn des 20. Jahrhunderts von Aurel Stein im Tarim-Becken entdeckt wurden.) Auf den Marktplätzen der Städte fand er Waren aus weiten Teilen Zentralasiens und sogar aus China, ein klarer Beleg dafür, dass es bereits Handel zwischen Baktrien und China gab. Am bemerkenswertesten war jedoch, dass es keine Spur von der makedonischen oder griechischen Herrschaft in Baktrien gab, die aus Alexanders Eroberung zwei Jahrhunderte zuvor resultierte.

Zhang Qians Aufgabe war es gewesen, eine Allianz zwischen China und dem Hauptrivalen und Feind der Xiongnu, den Yuezhi, auszuhandeln. Darin war er gescheitert, so dass er wahrscheinlich nicht beeindruckt gewesen wäre, zu erfahren, dass sein Bericht einen bedeutenden Meilenstein in der Geschichtsschreibung markiert. Zum ersten Mal bezogen sich Historiker von beiden Enden Eurasiens auf dieselbe Reihe von Ereignissen: das Ende der griechisch-makedonischen Herrschaft in Zentralasien. Das Seleukidenreich war zu wenig mehr als einem syrischen Königreich geschrumpft, dessen ehemalige Gebiete unter einer Reihe von Nachfolgestaaten aufgeteilt waren, von denen der wichtigste das Partherreich war, das den Iran und Mesopotamien beherrschte. Gleichzeitig war Baktrien, wie die Beobachtungen von Zhang Qian zeigten, zum Knotenpunkt eines riesigen Handelssystems geworden, das Zentralasien westwärts mit dem Mittelmeer und südwärts mit Indien verband. Das Volumen des Handels war zwar wahrscheinlich immer noch nicht groß, doch war der Grundstein für die Seidenstraßen gelegt worden, die eine so wichtige Rolle im Handel des spätantiken und mittelalterlichen Eurasiens spielen sollten.

Die Wurzeln des Zusammenbruchs des Seleukidenreichs lagen fast zwei Jahrhunderte in der Vergangenheit, als Ptolemaios I. Syrien-Palästina mit den phönizischen Häfen annektierte, welche die Endpunkte der wichtigen Karawanenrouten waren, die das Mittelmeer mit Südarabien und Mesopotamien und dem Persischen Golf verbanden. Die sechs sogenannten Syrischen Kriege, welche die seleukidischen Könige im 3. Jahrhundert v. Chr. mit dem ptolemäischen Ägypten um die Kontrolle über die Levante ausfochten, verbunden mit wiederholten Konflikten um die königliche Nachfolge, zehrten an den Ressourcen des Königreichs und machten es unfähig, effektiv auf Bedrohungen seiner iranischen und zentralasiatischen Gebiete zu reagieren.

Der kritische Moment kam 247 v. Chr., als ein Iranisch sprechendes Nomadenvolk, die Parni, die Kontrolle über ein kleines, aber strategisch wichtiges Gebiet südöstlich des Kaspischen Meeres an sich riss und damit das Königreich Parthien gründete und die seleukidischen Verbindungen zu Baktrien kappte, was dessen erfolgreichen Aufstand ein Jahrzehnt später ermöglichte. Zwar gelang es Antiochos III. im späten 3. Jahrhundert v. Chr., die seleukidische Autorität in Parthien und Baktrien kurzzeitig wiederherzustellen, doch machte seine lähmende Niederlage gegen die Römer 190 v. Chr. in der Schlacht von Magnesia seine Errungenschaft zunichte und schuf die Bedingungen, die zu der Situation führten, die Zhang Qian ein Dreivierteljahrhundert später in Baktrien vorfand. Das seleukidische Erbe überlebte jedoch, da die Nachfolgestaaten des seleukidischen Reiches auf dem von der Dynastie gelegten Fundament errichtet wurden. Infolgedessen spielten die Griechen und die griechische Kultur weiterhin eine wichtige Rolle in dem riesigen Gebiet zwischen dem Mittelmeer und der Grenze zu Indien, aber die Art dieser Rolle variierte von Region zu Region. Es überrascht jedoch nicht, dass der Einfluss der Seleukiden an der äußersten Grenze ihres Reiches in Baktrien am schwächsten war. Als Nachfolger der Seleukiden regierten die griechischen Könige von Baktrien ein Grenzreich, das an die eurasische Steppe grenzte und ständig von den Nomadenvölkern bedroht wurde, die es schließlich in den 140er-Jahren v. Chr. überwältigten, fast zwei Jahrzehnte vor Zhang Qians Besuch im Jahr 128 v. Chr.

Das Herz von Baktrien war eine Reihe von Städten, die von Alexander und seinen seleukidischen Nachfolgern gegründet worden waren, etwa Ai Khanum in der Nähe des Flusses Oxos (Amudarya). Die Ruinen jener Stadt erhellten das Leben im hellenistischen Zentralasien, bis sie während der afghanischen Bürgerkriege des späten 20. Jahrhunderts von Plünderern zerstört wurden. Oberflächlich betrachtet scheint Ai Khanum mit seinen Villen und seinem Theater im griechischen Stil eine typisch griechische Stadt gewesen zu sein, aber eine genauere Analyse zeigt iranische und indische Einflüsse in der Architektur und Verwaltung der Stadt. Gleichzeitig deutet die zunehmende Fehlerzahl der Legenden auf den baktrischen Münzen darauf hin, dass die Kenntnisse der griechischen Sprache außerhalb einer kleinen, gebildeten Oberschicht während der jahrhundertelangen Existenz des Königreichs stetig abnahmen.

Weiter westlich in Parthien war die Situation noch komplexer. Trotz wiederholter Angriffe der Seleukiden überlebte das parthische Königreich und expandierte von seinem Kern in der Nähe des Kaspischen Meeres zur dominierenden Macht in Westasien. In den 140er-Jahren v. Chr. umfasste sein Territorium den gesamten Iran und Mesopotamien, und seine diplomatischen und wirtschaftlichen Beziehungen erstreckten sich noch weiter und reichten vom Mittelmeer im Westen bis nach China im Osten.

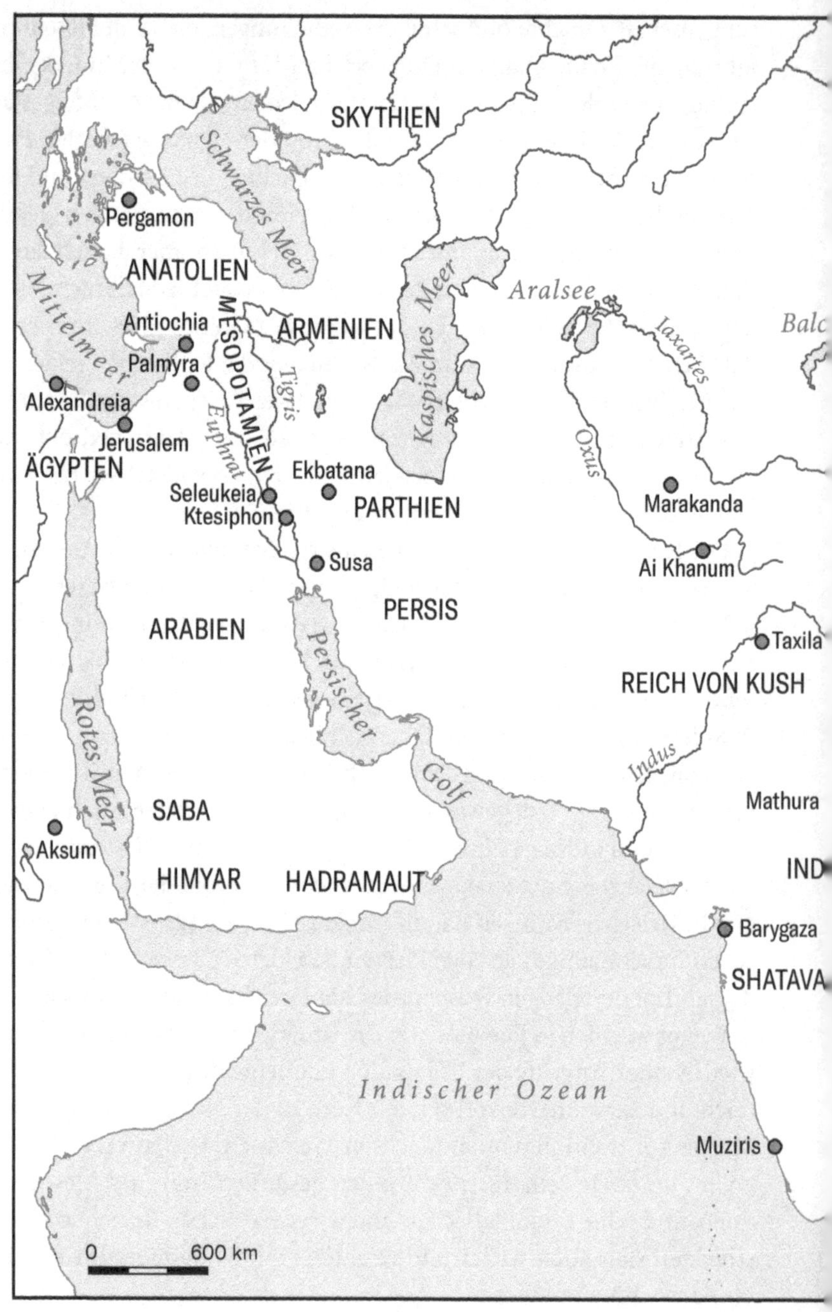
SKYTHIEN
Schwarzes Meer
Pergamon
ANATOLIEN
Mittelmeer
Antiochia
Palmyra
Alexandreia
Jerusalem
ÄGYPTEN
MESOPOTAMIEN
ARMENIEN
Tigris
Euphrat
Kaspisches Meer
Aralsee
Iaxartes
Balc
Oxus
Ekbatana
Seleukeia
Ktesiphon
PARTHIEN
Susa
Marakanda
Ai Khanum
PERSIS
ARABIEN
Persischer Golf
Taxila
REICH VON KUSH
Indus
Mathura
IND
Rotes Meer
SABA
Aksum
HIMYAR
HADRAMAUT
Barygaza
SHATAVA
Indischer Ozean
Muziris
0
600 km

Parthien und seine Nachbarn
Baikalsee
Wüste Gobi
Xiongnu
KOREA
Ordos-
Plateau
Gelber Fluss
Gelbes
Meer
Loyang
Chang'an
KÖNIGREICH
DER QIN
CHINA
Yangtse
HUNGA
Pataliputra
Ganges
NGA
Golf
von
Bengalen
Südchinesisches
Meer
edu

Wie ihr Titel König der Könige andeutet, beherrschten die parthischen Könige wie ihre persischen Vorgänger ein lose organisiertes, quasi-föderales Reich. Ebenfalls wie die Perser behielten sie viel von ihrem zentralasiatischen Erbe. So regierten die parthischen Könige mit der Unterstützung einer Aristokratie, die im Frieden als Ratsmitglieder des Königs und im Krieg als seine Elite-Reiterei diente; im Gegenzug erhielten sie Zuwendungen von Landgütern, deren Pächter in Friedenszeiten den landwirtschaftlichen Reichtum ihrer adligen Herren produzierten und im Krieg deren militärisches Gefolge bildeten.

Wie im von Yuezhi regierten Baktrien überlebten die seleukidischen Städte die parthische Eroberung und bildeten weiterhin den Kern der Verwaltungsstruktur des Königreichs. Kulturell jedoch brachte die parthische Herrschaft große Veränderungen mit sich. Als die parthischen Könige die iranische Kultur des Kernlandes des Königreichs und die griechische Kultur der seleukidischen Städte übernahmen, wurde durch diese Akzeptanz die jahrtausendealte, auf Keilschrift beruhende Kultur Mesopotamiens der Regierungsfunktionen beraubt, die das Wissen darüber prestigeträchtig und wertvoll gemacht hatte. Infolgedessen schrumpfte das Wissen über die Keilschrift und die in ihr erhaltene Literatur, bis beides auf einige wenige erbliche Priester- und Schreiberfamilien beschränkt war, die mit Tempeln in Städten wie Babylon und Uruk verbunden waren.

Noch komplizierter war die Situation weiter westlich in der Levante und in Anatolien. Statt einer Handvoll mächtiger Nachfolgestaaten wie Parthien und Baktrien, die im Iran und in Zentralasien entstanden, wich das untergehende Seleukidenreich im Westen einer Fülle von kleinen und mittelgroßen Königreichen, Stadtstaaten, ethnischen Gemeinwesen und Tempelstaaten. Von all diesen Gebilden war jedoch das Königreich der Juden am bemerkenswertesten.

Während der strenge Monotheismus der Juden sie schon zu Beginn des 1. Jahrtausends v. Chr. von ihren Nachbarn abhob, war ihre ausgeprägte gesellschaftliche und politische Organisation das Produkt der persischen Herrschaft. Zwar hegten jüdische Propheten die Hoffnung auf das Erscheinen eines Messias – eines göttlich gesalbten Königs –, der die Herrlichkeit des davidischen Königreichs wiederherstellen würde, doch wiesen die Perser den Juden den Status erblicher Bürger eines Tempelstaates zu, dessen Zentrum der Tempel in Jerusalem war und der von einer erblichen Priesterschaft regiert wurde, die nach dem überlieferten Gesetz regierte, wie es in der Thora, den ersten fünf Büchern der Bibel, verkörpert ist. Der jüdische Tempelstaat und das Privileg der Juden, nach der Thora zu leben, überlebten den Fall des Persischen Reiches und die anschließende makedonische Eroberung, bis die Verfolgung durch Antiochos IV. einen Aufstand provozierte, der in den 140er-Jahren v. Chr. zur Entstehung eines jüdischen Königreichs führte, das schnell zur mächtigsten Militärmacht in Syrien-Palästina wurde.

Das neue jüdische Königreich war nicht das von den Propheten erhoffte Reich. Wie die griechischen Namen seiner Könige und ihrer Agenten und die überraschende Behauptung, die Juden seien mit den Spartanern verwandt, zeigen, bedeutete die Unabhängigkeit nicht das Ende des griechischen Einflusses. Zum Teil war dies Pragmatismus. In einer Welt, die von griechischsprachigen Staaten dominiert wurde, brauchten die jüdischen Könige Agenten, die in einem solchen Umfeld funktionieren konnten. Und es gibt Hinweise auf einen bedeutenden griechischen Einfluss auf die Entwicklung des hellenistischen Judentums, wie die Anspielungen auf griechische literarische Werke und Philosophie zeigen, die sich im Buch *Judith* und anderen Büchern finden welche später aus der Bibel ausgeschlossen wurden; man spricht von diesen als den Apokryphen. Konflikte über die Frage, wie die griechisch geprägte Kultur des jüdischen Königreichs mit der Thora in Einklang zu bringen sei, brachten das reiche und vielfältige intellektuelle Leben in Judäa hervor, das wir im *Neuen Testament*, den Werken des jüdischen Historikers Josephus aus dem 1. Jahrhundert und den Schriftrollen vom Toten Meer sehen. Die Vielfalt der Ideen, wie dies zu bewerkstelligen sei, war groß, aber die einflussreichsten waren diejenigen, die von drei Gruppen vertreten wurden: die Pharisäer, Schriftgelehrte, die für Bildung und Interpretation auf der Grundlage einer mündlichen Thora eintraten, um die geschriebene Thora lebendig zu halten; die priesterlichen Sadduzäer, die für einen Buchstäblichkeitsanspruch eintraten, der alles erlaubte, was nicht explizit verboten war; und Asketen wie die Essener, die behaupteten, dass sich heilige Menschen aus der Gesellschaft zurückziehen sollten, um auf das Erscheinen des Messias zu warten.

Zhang Qian fand also praktisch eine neue Welt vor, als er in den frühen 120er-Jahren v. Chr. durch Zentralasien reiste. Vieles, aber nicht alles, des von Alexanders Nachfolgern gegründeten Staatssystems war verschwunden. Insbesondere die kulturellen und wirtschaftlichen Verbindungen, die in jenen Jahrhunderten geknüpft worden waren, überlebten und expandierten sogar. Griechisch blieb die primäre Verkehrssprache in der gesamten Region und ermöglichte die fortgesetzte Kommunikation und den Austausch von Ideen zwischen griechischen und nicht-griechischen Intellektuellen, wie etwa dem babylonischen Astronomen Seleukos aus der Mitte des 2. Jahrhunderts v. Chr., der die heliozentrische Theorie unterstützte, die von dem Astronomen Aristarchos von Samos ein Jahrhundert zuvor vorgeschlagen worden war. Auch der Handel wuchs mit der zunehmenden Nutzung sowohl der Landrouten durch Zentralasien als auch der Seeroute entlang der Nordküste des Indischen Ozeans zwischen Südasien, dem Persischen Golf und dem Roten Meer. In beiden Fällen waren die Pioniere jedoch keine Griechen, sondern Araber und Zentralasiaten im Norden und Inder, Araber und möglicherweise sogar Südostasiaten im Süden.

Während die kulturellen und wirtschaftlichen Bindungen die Wirren des 3. und 2. Jahrhunderts v. Chr. überlebten und sogar aufblühten, war die politische Ordnung zusammengebrochen. Zum ersten Mal seit vier Jahrhunderten herrschte kein großes Reich mehr über das riesige Gebiet vom Mittelmeer bis zu den Grenzen von Indien. Stattdessen verlagerte sich die Macht auf neu entstehende Reiche an der Peripherie des ehemaligen »Zentrums«: Rom im Westen und China im Osten.

Laut dem Historiker Polybios warnte 217 v. Chr. ein griechischer Politiker seine Mitgriechen:

> Wenn einer es erst einmal dahin kommen lasse, dass die jetzt drohend im Westen stehende Wolke über Griechenland heraufzieht, dann, so sagte er, bin ich in schwerer Sorge, dass die Waffenstillstände, die Kriege und all die Kinderspiele, die wir jetzt miteinander spielen,

> uns so gründlich ausgetrieben werden, dass wir dann die Götter auf den Knien anflehen werden, uns die Freiheit wiederzugeben, Krieg zu führen miteinander und Frieden zu schließen, wann wir wollen, überhaupt die eigene Entscheidung in allen Streitigkeiten zwischen uns zurückzuerhalten.
>
> Polybios, *Historien* 5,104,10–11, übers. Drexler 1978, 517

Man könnte den Griechen verzeihen, dass sie die Warnung nicht ernst nahmen. Rom war gerade in den zweiten der drei großen Kriege verwickelt, die es mit seinem Hauptrivalen um die Vorherrschaft im westlichen Mittelmeerraum, der nordafrikanischen Stadt Karthago, führte.

Rom und sein großer Feind hatten viel gemeinsam, eine Tatsache, die bereits in der Antike von politischen Theoretikern und von einigen griechischen Historikern erkannt wurde, die sogar behaupteten, dass die beiden Städte in demselben Jahr, 814 v. Chr., gegründet wurden. Zwar waren beide Verfassungen ähnlich denen der griechischen Poleis mit Versammlungen, beratenden Räten und gewählten Magistraten, doch wurden sie in Wirklichkeit von einer kleinen Anzahl von Adelsfamilien dominiert; diese hatten die Monarchien gestürzt, von denen die Städte einst gegründet worden waren. Beide hatten auch regionale Imperien aufgebaut, doch da endeten die Ähnlichkeiten. Während der Kern von Roms Imperium in Italien eine Föderation von Stadtstaaten war, deren umfangreiche Leistungskraft die Grundlage der römischen Macht darstellte, bestand der Kern von Karthagos Imperium aus einer Handvoll phönizischer Städte in Nordafrika und auf den Mittelmeerinseln. Deshalb hing die militärische Macht der Stadt in erster Linie von ihrer Marine und Söldnern ab, die sie von ihren nordafrikanischen Verbündeten und den Iberern und Kelten in Spanien und Gallien rekrutierte.

Rom und Karthago sollten sich in zwei der längsten und brutalsten Kriege – dem Ersten und Zweiten Punischen Krieg – in der Geschichte der westlichen Antike fast bis zum Tod bekämpfen; dieser Konflikt war jedoch nicht unvermeidlich. Der römische Dichter Vergil erkannte dies in seinem großen Epos über die Gründung Roms, der *Aeneis*; darin führte er den Ursprung ihrer Feindschaft nicht auf fundamentale Unterschiede zwischen den beiden Städten zurück, sondern auf eine Liebesaffäre zwischen ihren legendären Gründern, dem trojanischen Flüchtling Aeneas und der betrogenen phönizischen Prinzessin Dido, die Aeneas' römische Nachkommenschaft mit ewiger Feindschaft verfluchte:

> Darum bitt' ich und sag', wenn mein Blut ich verström', noch ein Letztes. / Tyrier, dann verfolgt seine Nachkommenschaft und das ganze / künftige Volk mit Hass, bringt dies meiner Asche als Gabe. / Nie soll zwischen den Völkern Liebe sein, niemals ein Bündnis.
>
> Vergil, *Aeneis* 4,621–624, übers. Holzberg 2015, 227

Karthago war in der Tat Roms erster wichtiger Verbündeter in Übersee; der früheste Vertrag zwischen ihnen wurde 509 v. Chr. unterzeichnet, dem Jahr der Gründung der römischen Republik, und der letzte 279 v. Chr., etwas mehr als ein Jahrzehnt vor dem Ausbruch des Ersten Punischen Krieges 264 v. Chr. Komplementäre Interessen waren der Grund für das lange Überleben des Bündnisses. Karthago wollte Sicherheit für sein nordafrikanisches Reich und seinen Handel und Rom wollte Garantien gegen Einmischung bei seinen italienischen Verbündeten und Untertanen. Die römische Expansion in Süditalien, welche die karthagischen Interessen in Sizilien bedrohte, veränderte die Situation jedoch grundlegend, so dass fast jeder Funke einen Flächenbrand auslösen konnte. Dieser Funke wurde 264 v. Chr. geschlagen, als die Römer nach Sizilien eindrangen, um eine abtrünnige Kompanie italischer Söldner, die Mamertiner, »Söhne des (Kriegsgottes) Mars«, gegen die Karthager zu verteidigen, die auf die Bitten der griechischen Städte Siziliens um Befreiung von ihren Plünderungen reagiert hatten.

Der Erste und der Zweite Punische Krieg wurden in wahrhaft epischem Ausmaß ausgetragen – der erste dauerte 23 Jahre von 264 bis 241 v. Chr. und der zweite 16 Jahre von 218 bis 202 v. Chr. auf Schlachtfeldern, die sich von Italien bis Spanien und Nordafrika erstreckten. Es ist nicht überraschend, dass eines der ersten Werke der römischen Literatur ein episches Gedicht über den Ersten Punischen Krieg war, das *Bellum Punicum* von Gnaeus Naevius. Ebenso wenig überraschend ist die Tatsache, dass Erzählungen von Heldentaten die antiken Geschichten über die Punischen Kriege dominieren. In deren Zentrum stehen der römische General Regulus, der nach Karthago zurückkehrte, um den Foltertod zu erleiden, nachdem er Rom geraten hatte, die karthagischen Friedensbedingungen nicht zu akzeptieren (256 v. Chr.), der karthagische General Hannibal, der im Winter 218 v. Chr. über die Alpen nach Italien eindrang, Roms bemerkenswerte Erholung von der verheerenden Niederlage in der Schlacht von Cannae (216 v. Chr.) und die dramatische Konfrontation zwischen Hannibal und Scipio Africanus, den beiden größten Generälen der Zeit, in der letzten Schlacht des Zweiten Punischen Krieges bei Zama nahe Karthago (202 v. Chr.).

Die Ergebnisse des Ersten und Zweiten Punischen Krieges waren gleichermaßen dramatisch. Als im Jahr 202 v. Chr. endlich Frieden geschlossen wurde, hatten sich die politischen Verhältnisse im zentralen und westlichen Mittelmeerraum verändert. Karthago hatte sowohl sein Imperium als auch die Fähigkeit verloren, sich gegen die Ambitionen seiner ehemaligen nordafrikanischen Verbündeten zu verteidigen. Rom hingegen ging aus den ersten beiden Punischen Kriegen als dominierende Macht in der Region hervor und verfügte über ein riesiges Reich, das die gesamte italische Halbinsel und die Mittelmeerinseln Sizilien, Korsika und Sardinien sowie die ehemaligen karthagischen Gebiete in Spanien umfasste.

Fast unmittelbar nach der Kapitulation Karthagos im Jahr 202 v. Chr. wandte Rom seine Aufmerksamkeit nach Osten, und im nächsten halben Jahrhundert dehnte es seinen Einfluss auf das gesamte östliche Mittelmeerbecken aus. Nicht zu Unrecht begründete der griechische Historiker Polybios seine Wahl des historischen Themas mit einer rhetorischen Frage:

> Wer wäre so gleichgültig, so oberflächlich, dass er nicht zu erfahren wünschte, wie und durch was für eine Art von Einrichtung und Verfassung ihres Staates beinahe der ganze Erdkreis in nicht ganz 53 Jahren unter die alleinige Herrschaft der Römer gefallen ist?

Polybios, *Historien* 1,1,5, übers. Drexler 1978, 1

Die Geschichte war dramatisch, wie Polybios sehr wohl wusste, da er einen Großteil der ersten Hälfte des 2. Jahrhunderts v. Chr. als Geisel in Rom verbrachte, um das Wohlverhalten seines Heimatlandes, des Achäischen Bundes, eines der beiden Bundesstaaten, welche die griechische Politik dominierten, zu gewährleisten.

Roms Expansion in die griechische Welt begann mit entscheidenden Siegen über Makedonien und den Seleukidenkönig Antiochos III. in den 190er-Jahren v. Chr. und der dramatischen Proklamation, dass die Römer gegen die Könige gekämpft hätten, um die Griechen zu befreien. Es endete mit der gleichzeitigen Zerstörung Karthagos und der antiken griechischen Stadt Korinth und der Annexion Makedoniens im Jahr 146 v. Chr. Die dazwischen liegenden Jahre waren von Verwirrung und Frustration sowohl auf Seiten Roms als auch der Griechen und ihrer östlichen Nachbarn geprägt.

Die Wurzel des Problems lag im römischen Senat. Der Senat verstand nicht, dass seine Politik, sich auf pro-römische Oligarchien zu verlassen, um römische Interessen mit einem Minimum an direkter römischer Einmischung in lokale Angelegenheiten aufrechtzuerhalten, die in Italien funktioniert hatte, dies nicht in Griechenland und im östlichen Mittelmeerraum tun würde, wo Freiheit das Recht bedeutete, eine unabhängige Außenpolitik zu verfolgen. Das Ergebnis war, dass jedes Anzeichen von Unabhängigkeit seitens der griechischen Städte oder der verschiedenen Könige in der Region römisches Misstrauen weckte, das nur durch Interventionen beschwichtigt wurde, die darauf abzielten, den beleidigenden Staat zu schwächen. Im Falle des Seleukidenreichs unterstützten die Römer beispielsweise immer wieder abtrünnige Gruppen wie die Juden oder Thronprätendenten, um das mögliche Aufkommen eines weiteren starken Königs wie Antiochos III. zu verhindern. Selbst langjährige römische Verbündete konnten das gleiche Schicksal erleiden, wenn ihre Handlungen die römischen Interessen zu bedrohen schienen. So wurde 167 v. Chr. die griechische Stadt Rhodos vom römischen Senat mit Krieg bedroht, weil sie es gewagt hatte, sich als Vermittler zwischen Rom und Makedonien im Dritten Makedonischen Krieg anzubieten. Der zerstörerische Zyklus von griechischen Versuchen, unabhängig zu agieren, gefolgt von feindseligen römischen Reaktionen, setzte sich fort, bis die katastrophalen Ereignisse von 146 v. Chr. den Völkern des östlichen Mittelmeers endgültig alle verbleibenden Illusionen über das römische Verständnis der Bedeutung von Freiheit nahmen.

Die Expansion des römischen Imperiums im 3. und 2. Jahrhundert v. Chr. führte zu dramatischen Veränderungen in der grundlegenden Struktur des Lebens in Italien, deren Auswirkungen sich während des Rests der Antike im gesamten Mittelmeerraum ausbreiten sollten. Die wirtschaftlichen Folgen waren am offensichtlichsten. Aristoteles definierte den Krieg als ein Mittel zum Erwerb, und ein Jahrhundert fast ununterbrochener Kriege brachte Italien im Allgemeinen und Rom im Besonderen eine nie dagewesene Menge an Reichtum ein. Das Ausmaß der Beute, Reparationen und Tribute von Roms Feinden und Untertanen war so groß, dass der Senat sogar in der Lage war, die römischen Bürger dauerhaft von allen direkten Steuern zu befreien. Während ein Großteil der Gewinne des Imperiums den Reichtum der römischen Aristokratie anschwellen ließ, blieb der römischen Regierung genug übrig, um einen beispiellosen Bauboom anzuheizen. Straßen, Tempel und Aquädukte entstanden in ganz Italien und bildeten die Infrastruktur für das Wachstum Roms zu einer Metropole mit fast einer Million Einwohnern, was es zu einer der größten Städte der Welt zu dieser Zeit machte. Zum ersten Mal wurde Rom zum Nettoimporteur von Nahrungsmitteln, da billiges Getreide aus Sizilien eingeführt wurde, um die wachsende Bevölkerung zu ernähren, die durch Einwanderer aus dem ländlichen Italien angeschwollen war. Diese waren ihrerseits durch die Ausbreitung von kommerziellen landwirtschaftlichen Betrieben und riesigen Landgütern verdrängt worden, die von Sklaven betrieben wurden, was dazu führte, dass kleine Bauernhöfe nicht mehr rentabel waren und daher aufgegeben werden mussten.

Der wirtschaftliche Wandel in der Antike vollzog sich allmählich, und seine Ursachen waren denjenigen, die ihn erlebten, oft unklar. Die gesellschaftlichen und kulturellen Auswirkungen des Eindringens Roms in den griechischen Osten traten schnell ein und waren tiefgreifend und lang anhaltend. Der Dichter Horaz fasste sie in einer berühmten Zeile zusammen:

> Das eroberte Griechenland eroberte den wilden Sieger und importierte seine Künste / in das bäuerliche Latium.
>
> Horaz, *Epistel* 2,1,156–157, übers. Holzberg 2018, 591

Als Horaz diese Zeile im späten 1. Jahrhundert v. Chr. schrieb, lagen die Anfänge der römischen Herrschaft in Griechenland mehr als ein Jahrhundert zurück. Der griechische Einfluss war längst eingebürgert und nicht mehr umstritten. Römische Senatoren lebten in prächtigen, mit griechischer Kunst gefüllten Häusern, die von griechischen Sklaven und Freigelassenen verwaltet wurden; sie sprachen fließend Griechisch, beschäftigten griechische Hauslehrer, um ihre Kinder zu erziehen, und lasen Bücher, die zwar in Latein geschrieben waren, wie Vergils Epos über die Gründung Roms, die *Aeneis*, die aber eine gründliche Kenntnis von Homers *Ilias* und *Odyssee* erforderte, um sie vollständig zu verstehen.

Während Horaz das Ergebnis des griechischen Einflusses auf die Entwicklung der griechischen Kultur kannte, erlebten die römischen Aristokraten des 2. Jahrhunderts v. Chr. die Hellenisierung als einen regelrechten Kulturkrieg: Ideen, die ihnen subversiv erschienen, strömten aus dem griechischen Osten ein, und sie kämpften damit, Ansichten wie die epikureische Lehre, dass Vergnügen das primäre Gut sei, mit ihren traditionellen Werten in Einklang zu bringen, welche die Pflicht gegenüber der Familie und das Erreichen von Ruhm durch den Dienst an der Gemeinschaft in Krieg und Politik betonten. Ihre Reaktion war extrem, aber verständlich, da die Auswirkungen in der gesamten römischen Gesellschaft zu spüren waren, wenn auch am offensichtlichsten in der enormen Zunahme der Zahl der Griechisch sprechenden Sklaven. Eroberung und plötzlicher Reichtum förderten einen riesigen Sklavenhandel – 150 000 allein aus einem Teil Griechenlands im Jahr 168 v. Chr. –, der solche Sklaven in Rom allgegenwärtig machte und bei römischen Traditionalisten die Sorge vor einer Korrumpierung der römischen Bürgerschaft weckte.

Und das galt nicht nur in der Stadt. Sklaven waren ein intimer Teil des Familienlebens der römischen Oberschicht, sie verwalteten römische Haushalte, erzogen ihre Kinder, bereiteten und servierten ihr Essen und dienten ihnen in den intimsten Aspekten ihres Lebens, einschließlich der Bereitstellung sexueller Dienste. Griechische Kunst – geplündert oder gekauft – schmückte die Stadt und die großen Häuser.

Es überrascht nicht, dass der griechische Einfluss für jede offensichtliche Bedrohung der römischen Werte verantwortlich gemacht wurde, von der Verbreitung subversiver politischer Ideen bis hin zur Verweichlichung der römischen Aristokratie und der mangelnden Bereitschaft der römischen Frauen der Oberschicht, genügend Kinder zu bekommen, um die Gesamtzahl der römischen Bürgerschaft zu erhalten. Es wurden immer wieder Versuche unternommen, den Einfluss der griechischen Kultur auf das römische Leben einzuschränken, von der gewaltsamen Verfolgung des Bacchus-Kults, der römischen Form des griechischen Gottes Dionysos, im Jahr 186 v. Chr. bis hin zu der Ausweisung von Rhetoriklehrern und dem Verbot des Baus von festen Theatern in Rom. Aber Roms fortgesetzte imperiale Expansion im griechischen Osten vereitelte all diese Bemühungen, wie Horaz erkannte.

Die revolutionären Veränderungen im Westen, die aus dem Zusammenbruch des Seleukidenreiches resultierten, liefen parallel zu den zeitgenössischen Entwicklungen in Südasien, als der alte Verbündete der Seleukiden, das Maurya-Reich, allmählich auf seinen politischen Kern im Ganges-Tal zurückschrumpfte und damit seinen Provinzen erlaubte, ihre frühere Unabhängigkeit wiederzuerlangen. Das Verschwinden des Maurya-Reiches öffnete den Weg für die Entstehung einer Ansammlung rivalisierender Königreiche, die sich über die indische Halbinsel von Südindien über den Dekkan bis zum Punjab erstreckten, von denen zwei am wichtigsten waren: das von einer baktrischen griechischen Dynastie im Nordwesten Indiens gegründete und das Shunga-Reich im Ganges-Tal, das von einem brahmanischen General namens Pushyamitra gegründet wurde, der den letzten Maurya-Kaiser um 184 v. Chr. ermordete.

Der weitgehend religiöse Charakter der klassischen indischen Literatur bedeutet, dass wenig über die Geschichte des Jahrhunderts nach dem Sturz des letzten Maurya-Kaisers bekannt ist. Krieg war jedoch endemisch, was durch Anspielungen in grammatikalischen Studien und Dramen auf verschiedene militärische Ereignisse deutlich wird: durch die Feier von zwei Pferdeopfern von Pushyamitra, durch die Plünderung von Pataliputra, der Hauptstadt der Shunga, durch den indo-griechischen König Menander (Milinda), und durch einen bemerkenswerten Text, die sogenannte Hathigumpha-(Elefantenhöhlen-)Inschrift. Diese erinnerte an Siege, die ein König von Kalinga, Ashokas altem Feind, im 1. Jahrhundert v. Chr. gegen über ganz Zentral- und Nordindien verstreute Staaten errungen hatte (übers. Jayaswal / Banerji 1929 / 30, 86–89; s. auch Thapar 2002, 212–213). Angesichts der chronischen Kriege, die Indien in dieser Zeit erfassten, überrascht es nicht, dass das *Arthashastra*, die klassische indische Abhandlung über Staatskunst, welche die Verhältnisse im 2. und 1. Jahrhundert v. Chr. widerspiegelt, den idealen König nicht mehr als Förderer des Dharma beschreibt, wie es Ashoka getan hatte, sondern sagt:

> Der nach Eroberung sucht, ist ein König, der mit den beispielhaften Eigenschaften sowohl des Selbst als auch der materiellen Bestandteile begabt ist und der der Sitz guter Politik ist.
>
> *Arthashastra* 6,2,13, übers. n. Olivelle 2013, 274

Ironischerweise stimulierte der Zusammenbruch des Maurya-Reiches und das Fehlen eines einzigen mächtigen kaiserlichen Staates, der es ersetzen sollte, auch das kulturelle Leben, da in den verschiedenen Nachfolgestaaten neue Zentren der Patronage entstanden. Infolgedessen kam es zu Veränderungen in der religiösen und literarischen Kultur, die bis in die Gegenwart nachhallen sollten. Die grundlegendste war die Ablösung der als Prakrits bekannten Volkssprachen durch Sanskrit, eine formale Literatursprache mit einer standardisierten Grammatik, als dominierende Schriftsprache Indiens. Damit wurde der Grundstein für die Entwicklung einer einheitlichen religiösen und literarischen Kultur in ganz Südasien gelegt, welche die Ausbreitung der indischen Religion und Kultur in weiten Teilen Südostasiens in der Mitte und am Ende des 1. Jahrtausends n. Chr. ermöglichte. Die Originalformen zahlreicher wichtiger buddhistischer, brahmanischer und jainistischer Traktate wurden ebenfalls in dieser Zeit verfasst, obwohl nur die große grammatikalische Studie des Sanskrits von Patanjali noch erhalten ist. Hinweise in späteren Werken deuten jedoch darauf hin, dass unter den verlorenen Werken auch die Quellen der maßgeblichen Synthese des brahmanischen gesellschaftlichen Denkens, bekannt als die *Gesetze des Manu*, die klassische politische Abhandlung, das *Arthashastra*, und das *Kamasutra*, das Standardlehrbuch der Liebe für aristokratische junge Männer, enthalten sind.

Die Vermehrung der Quellen königlichen Mäzenatentums kam auch der Religion zugute, wobei die verschiedenen großen indischen Religionen in verschiedenen Königreichen Unterstützung fanden: Buddhismus in den indo-griechischen Königreichen, traditionelle indische Religion im Shunga-Reich und Jainismus in Kalinga. Die Ergebnisse zeigten sich in der Errichtung beeindruckender religiöser Monumente in ganz Indien, darunter die ersten dauerhaften Tempel, die der Verehrung indischer Gottheiten gewidmet waren, Stupas, in denen Reliquien des Buddha aufbewahrt wurden, und Heiligtümer, die in die Seiten von Bergen gegraben wurden. Auch die Art der traditionellen indischen Verehrung änderte sich, als zusätzlich zu den in den *Veden* vorgeschriebenen Opfern Kulte auftauchten, die sich an Gottheiten wie Vasudeva, den als Krishna inkarnierten Schöpfergott Vishnu, richteten. Auch die wirtschaftliche Aktivität blühte auf. Die buddhistische Überlieferung beschrieb beispielsweise Sagala, die Hauptstadt des indo-griechischen Königs Menander (Milinda):

> Die Märkte waren mit mannigfachen kostbaren Waren gefüllt. … Eine Menge von stattlichen Kaufleuten wohnte dort … Die Stadt war förmlich gespickt mit Geld und Gold, mit Silber, Messing und Edelgestein, ein wahrer Berg voll strahlender Schätze, voll Überfluss an Geld und Getreide, Hab und Gut und angefüllt mit vielen Warenhäusern.

Die Fragen des Milinda, 1, übers. Nyanatiloka 1985, 26

Die Hathigumpha-Inschrift wiederum weist auf den Bau von wirtschaftlich nützlicher Infrastruktur einschließlich Kanälen hin. Auch war diese Aktivität nicht auf Indien beschränkt. Wie bereits erwähnt, segelten indische Händler zum Persischen Golf und nach Südarabien, während die Anwesenheit von indischen Elefanten in der seleukidischen Armee noch in den 160er-Jahren v. Chr. darauf hinweist, dass die Landwege nach Westen offenblieben.

Während Rom mit der Einigung der westlichen Peripherie Eurasiens begann und das Maurya-Reich zerfiel, befand sich auch Ostasien in einem grundlegenden Wandel. Polybios, der Historiker der römischen Expansion, identifizierte die 140. Olympiade, die vierjährige Periode von 220 bis 216 v. Chr., als die Zeit, in der die Integration der Ereignisse im gesamten Mittelmeerraum und im Nahen Osten den Beginn der Weltgeschichte markierte. Polybios wählte das Datum für den Beginn seiner Darstellung klug, konnte aber nicht wissen, dass sein chinesisches Gegenüber, der Han-Historiker Sima Qian aus dem 1. Jahrhundert v. Chr., fast den gleichen Zeitraum als Beginn der chinesischen Kaisergeschichte nutzen würde. Genauer gesagt würde er das Jahr 221 v. Chr. wählen, in dem Ying Zheng, der König von Qin, ein Jahrzehnt wirbelnder militärischer Kampagnen abschloss, in dem er die sechs überlebenden Königreiche der Streitenden Reiche – Han, Zhao, Yan, Wei, Chu und Qi – eroberte und zum ersten Mal die Täler der Flüsse Huang He (Gelber Fluss) und Jangtsekiang (Jangtse) vereinte, das Kernland des kaiserlichen Chinas.

Das Jahrzehnt zwischen der Gründung des Qin-Reiches im Jahr 221 v. Chr. und dem Tod des ersten Kaisers im Jahr 210 v. Chr. war für den Rest der chinesischen Geschichte grundlegend. Unter seinem neuen Namen Huangdi, »Glänzende Gottheit«, organisierte Ying Zheng die politische Struktur Chinas grundlegend neu. Da die Propaganda der Han-Periode in den Quellen, denen Sima Qian folgte, den ersten Kaiser als einen verrückten Tyrannen darstellte, der von Träumen der Unsterblichkeit besessen war und den konfuzianischen Gelehrten gewalttätig feindlich gegenüberstand, ist es nicht möglich, die Persönlichkeit von Ying Zheng zu rekonstruieren. Die Grundzüge seiner Reformen sind jedoch klar. Wie sein Name Huangdi andeutet, sollte der Kaiser das Bindeglied zwischen dem Reich und dem Himmel sein, dessen Wohlwollen er zu Lebzeiten durch die Durchführung von Opfern und nach seinem Tod durch die Aufrechterhaltung des Ahnenkults in dem monumentalen Grabmal, das er für sich errichten ließ, sicherte.

Entsprechend der zentralen Rolle des Kaisers in der irdischen Ordnung glaubte man, dass alle Regierungsfunktionen von seinen Handlungen abhingen. Alle Beamten waren daher seine Beauftragten und Vertreter. In der Praxis bedeutete dies, dass die Königreiche in der Zeit der Streitenden Reiche unterdrückt und durch Kommandanturen ersetzt wurden, die von königlichen Beamten verwaltet wurden. Um das Reich zusammenzuhalten, wurde auch ein riesiges System von Straßen mit genormter Breite gebaut und eine riesige neue Hauptstadt in Xianyang errichtet, die als Mikrokosmos des Reiches und als Verwaltungszentrum sowohl für das Reich als auch für den monumentalen Grabkomplex des Kaisers dienen sollte.

Getreu den legalistischen Prinzipien, die den Reformen der Qin seit dem 4. Jahrhundert v. Chr. zugrunde lagen, wurde ein einheitliches Gesetzbuch für das Reich erlassen, Gewichte und Maße wurden standardisiert und die Landwirtschaft erhielt Vorrang vor allen anderen wirtschaftlichen Aktivitäten. Die Vereinheitlichung wurde sogar auf das kulturelle Leben ausgedehnt, mit der Standardisierung des Schriftsystems und der Erstellung einer Liste von zugelassenen Texten, die in einer neuen kaiserlichen Akademie an zukünftige Beamte weitergegeben werden sollten.

Weniger als ein Jahrzehnt nach seinem Tod im Jahr 210 v. Chr. lagen jedoch alle grandiosen Pläne des ersten Kaisers in Trümmern. Seine Familie war ermordet und seine Hauptstadt dem Erdboden gleichgemacht worden, zerstört in einer Reihe von reichsweiten Revolten. Von all seinen monumentalen Schöpfungen überlebte nur sein Grabmal, das noch immer einen eindrucksvollen Einblick in seine Vision des Qin-Reiches zu geben schien.

Aus den Trümmern entstand eine neue Dynastie, die Westlichen Han, gegründet von dem letzten überlebenden Rebellen gegen die Qin-Dynastie, einem Bürgerlichen namens Liu Bang (Han Gaozu);

diese Dynastie sollte China vier Jahrhunderte lang regieren. Das Herz des Widerstands gegen die Qin-Herrschaft war politisch in den Anhängern der Wiederherstellung der alten Königreiche der Zeit der Streitenden Reiche und kulturell in den konfuzianischen Gelehrten zu finden, die von den legalistischen Beratern des ersten Kaisers und seiner Nachfolger aus dem Einflussbereich ausgeschlossen worden waren. Nach seinem Sieg war Liu Bang daher gezwungen, seine wichtigsten Anhänger mit der Herrschaft über zehn Königreiche im Osten Chinas zu belohnen und die königliche Schirmherrschaft auf konfuzianische Gelehrte auszudehnen, die den Lehrplan der kaiserlichen Akademie neu definierten und die konfuzianischen Klassiker betonten. In den westlichen Gebieten, die Liu Bang von seiner neuen Hauptstadt Chang'an im alten Qin-Zentrum im Tal des Wei-Flusses aus regierte, blieb das Qin-System jedoch im Wesentlichen unverändert.

Es überrascht nicht, dass das wichtigste politische Problem, mit dem sich Liu Bang und seine unmittelbaren Nachfolger konfrontiert sahen, die Aufrechterhaltung der Einheit des Reiches gegen die separatistischen Bestrebungen der Herrscher der wiederhergestellten Königreiche war, ein Kampf, der ein halbes Jahrhundert lang andauerte, bis ihre letzte Rebellion 154 v. Chr. niedergeschlagen und das Reich wieder vereint wurde. Obwohl die Han-Kaiser öffentlich konfuzianische Werte unterstützten, könnte man den grundlegenden institutionellen Rahmen des Han-Reiches als ein Erbe der Qin bezeichnen. Es war auch ein Qin-Erbe, das die Beziehungen zu den zentralasiatischen Nachbarn zum Hauptthema der Han-Außenpolitik machte.

Der Ursprung der Öffnung der Han nach Westen geht auf die Zeit der Streitenden Reiche zurück. Technologische und taktische Innovationen spielten eine große Rolle bei der Suche der Königreiche der Zeit der Streitenden Reiche nach dem Sieg in ihren endlosen Kriegen. Zu den technologischen Entwicklungen gehörten Erfindungen, die so komplex wie die Armbrust und so einfach wie die Schubkarre waren, sowie eine verbesserte Eisentechnologie, die auch zu verbesserten landwirtschaftlichen Erträgen und schließlich zu einer erhöhten Bevölkerungszahl führte, die notwendig war, um die Arbeitskräfte für ihre Armeen bereitzustellen. Es war jedoch eine taktische Innovation, die China in Richtung Zentralasien wendete, nämlich die Ersetzung der Streitwagen, der bevorzugten Waffe der Zhou-Aristokratie, durch Reiterei.

Die Übernahme der Reiterei durch die Armeen der Streitenden Reiche führte dazu, dass die militärische Bedeutung der alten Zhou-Aristokratie endgültig in den Hintergrund trat; es entstand ein profitabler Pferdehandel zwischen den chinesischen Königreichen und den zentralasiatischen Nomaden, die als einzige in der Lage waren, die Pferde zu liefern, welche die Königreiche für ihre neuen Reiterei-Einheiten benötigten; und die Königreiche annektierten Gebiete, die von den Nomaden bewohnt wurden, um das Weideland für die Pferde seiner Reiterei zu erhalten.

Der Prozess erreichte seinen Höhepunkt während der Herrschaft des ersten Kaisers, der das Ordos-Plateau annektierte, das Gebiet, das von der großen Biegung des Huang He (Gelben Flusses) umschlossen war, Bauern ansiedelte, um das Land zu bewirtschaften, und die Arbeitskraft seiner Soldaten nutzte, um es zu verteidigen, indem er die von seinen Vorgängern errichteten Grenzmauern zu einer einzigen monumentalen Verteidigungsmauer von mehreren 1000 Kilometern Länge verband. Obwohl die Qin-Mauer keine Steinkonstruktion wie die spätere sogenannte Große Mauer war, erforderte ihr Bau einen enormen Aufwand und stellte eine große Bedrohung für die Interessen der Xiongnu dar.

Als Reaktion auf den Druck der Qin-Expansion versammelten sich die Xiongnu im frühen 2. Jahrhundert v. Chr. unter der Führung eines charismatischen Herrschers namens Modun. Laut dem chinesischen Historiker Sima Qian wurde Modun zum obersten Führer der Xiongnu – dem Changyu (Shanyu) – indem er seine Anhänger dazu brachte, seinen Befehlen ohne Fragen zu folgen, indem er jeden zwang, eine Reihe von unerhörten Taten zu begehen: Zuerst hatte er sein Lieblingspferd zu töten, dann seine Lieblingskonkubine und schließlich seinen Vater. Was auch immer die Wahrheit an der Geschichte von Moduns Rebellion ist, sobald er Changyu wurde, baute er schnell das früheste bezeugte Nomadenreich in Zentralasien auf, ein Reich, das schließlich das gesamte Gebiet zwischen der westlichen Mandschurei im Norden und der Mongolei und den Oasenstädten des Tarim-Beckens im Süden umfasste.

Die Auswirkungen der Gründung des Xiongnu-Reiches waren in ganz Zentralasien zu spüren. Im Westen zum Beispiel zwangen wiederholte Niederlagen, die den Yuezhi zugefügt wurden, sie in den 170er-Jahren v. Chr. dazu, ihren langen Marsch nach Baktrien zu beginnen, wo Zhang Qian sie in den frühen 120er-Jahren v. Chr. fand.

Noch bemerkenswerter war die Reaktion der kürzlich gegründeten Han-Dynastie. Nachdem sie 201 v. Chr. in einer Schlacht, in der Liu Bang nur knapp mit dem Leben davonkam, von den Xiongnu schwer besiegt wurde, gab sich die Han-Regierung damit zufrieden, eine friedliche Koexistenz mit den Xiongnu zu suchen. Das Ergebnis war die Einrichtung der Heqin- oder »Friedens- und Verwandtschaftspolitik« in den 180er-Jahren v. Chr., in der die Han-Regierung das Xiongnu-Reich als gleichberechtigten Staat anerkannte. Im Rahmen dieser Politik mussten die Han den Xiongnu jährlich beträchtliche Zahlungen in Form von Seide und verschiedenen Nahrungsmitteln zukommen lassen, der Changyu musste eine Han-Prinzessin zur Frau erhalten, die Qin-Mauer musste die Grenze zwischen dem Xiongnu- und dem Han-Reich bilden und die Xiongnu und Han sollten als gleichrangig anerkannt werden.

Trotz ihres demütigenden Charakters blieb die Heqin-Politik fast ein halbes Jahrhundert lang in Kraft. Ihre Begründung war, dass die Geschenke chinesischer Waren und die königlichen Prinzessinnen die Akkulturation der Xiongnu fördern und sie handhabbarer machen würden. Das traurige Schicksal einer Gemahlin des Han-Kaisers Yuandi namens Wang Qiang, die sich freiwillig bereit erklärte, die Frau des Changyu zu werden, zeigt jedoch, dass diese Politik ihre Ziele nicht erreichte:

> Wang Qiang hatte einen Sohn, der Shiwei hieß. Als der Changyu starb, folgte Shiwei auf den Thron. Der ungewöhnliche Brauch bei den Xiongnu ist, dass wenn der Vater stirbt, der Sohn seine Mutter zur Frau nimmt. Wang Qiang fragte Shiwei: ›Bist du ein Chinese oder

ein Xiongnu?‹ Shiwei antwortete: ›Ich möchte bloß ein Xiongnu sein.‹ Daraufhin schluckte Wang Qiang Gift und nahm sich das Leben.

Liu Liqing, *Eine neue Darstellung der Geschichten der Welt*, übers. n. Richard Mather in Wang 2003, 212

Unbeabsichtigte Folgen sind der Stoff, aus dem die Geschichte ist. Während die Heqin-Politik ihre Ziele eindeutig verfehlte, wurde ein Großteil der Seide, die den Xiongnu unter ihren Bedingungen zur Verfügung gestellt wurde, von ihnen an andere, weiter westlich lebende Völker weitergegeben, bis schließlich ein Teil davon das Mittelmeer erreichte und die Nachfrage nach chinesischer Seide anregte, welche die Grundlage für die Entwicklung der Seidenstraßen in den 1. Jahrhunderten n. Chr. bilden sollte.

Das Grundgerüst der politischen und kulturellen Geschichte für den Rest der Antike nahm in den 100 Jahren zwischen dem mittleren 3. und dem mittleren 2. Jahrhundert v. Chr. Gestalt an. Die Macht verlagerte sich vom Zentrum in die Peripherie, wo neue Reiche entstanden, Rom im Westen und Han-China im Osten, während im Norden die ersten großen Nomadenstaaten in Zentralasien entstanden, die Xiongnu und ihre Rivalen, die Yuezhi. Wirtschaftlich gesehen sollte das neue Staatssystem schließlich sowohl die Märkte für exotische Luxusgüter als auch die Stabilität bieten, die den Fernhandel mit solchen Gütern möglich machte. Kulturell erleichterte die kaiserliche Schirmherrschaft über eine begrenzte Anzahl von Verkehrssprachen und standardisierten Schriftsystemen – Griechisch in Westasien und im Mittelmeerraum, Sanskrit in Südasien und Han-Chinesisch in Ostasien – die Entwicklung und Verbreitung neuer textberuhter kultureller Traditionen und schließlich von »Religionen des Buches« wie Christentum, Manichäismus, Konfuzianismus und Buddhismus in ganz Eurasien.

6 Eine neue Ordnung in Afro-Eurasien

ca. 2. Jahrhundert v. Chr. bis 2. Jahrhundert n. Chr.

Im Jahr 98 v. Chr. verurteilte Han Wudi (Kaiser Wu von Han) seinen Großastrologen Sima Qian zur Kastration in der »Seidenwurmkammer«. Sima Qians angebliches Vergehen war die Diffamierung von Han Wudi, indem er zur Verteidigung eines in Ungnade gefallenen Generals namens Li Ling sprach, der zum Tode verurteilt worden war, weil er nach einer schweren Niederlage zu den Xiongnu desertiert war.

Eunuchen waren die persönlichen Diener des Kaisers und seiner Familie und übten daher großen Einfluss auf Regierungsangelegenheiten aus. Dennoch wurden Eunuchen, die Sima Qian bitter als »etwas, das vom Messer übrig geblieben ist«, bezeichnete, auch in der patriarchalischen Gesellschaft Chinas mit Abscheu betrachtet. Der ehrenvolle Weg für einen zur Kastration verdammten Regierungsbeamten wie Sima Qian war daher der Selbstmord. Trotz des Drucks der Tradition entschied dieser sich jedoch für das Weiterleben, obwohl er sich immer bewusst war, er sei in der Sicht der Mitglieder des königlichen Hofes …

> … ein verstümmeltes Wesen, das in Erniedrigung lebt.
>
> Sima Qian, *Brief an Ren An*, übers. n. Durrant u. a. 2016, 85; vgl. Martin 2010, 85–93

Seine Entscheidung für das Weiterleben, gleich, was es ihn an persönlicher Demütigung kostete, wurde durch seinen Wunsch verursacht, eine der primären Verpflichtungen des Konfuzianismus, die

Elternliebe, dadurch zu erfüllen, dass er die Geschichte Chinas vollendete, die von seinem Vater und Vorgänger als Großer Astrologe, Sima Tan, begonnen worden war.

Das Ergebnis von Sima Qians Weigerung, die »ehrenvolle Sache« zu tun, war eines der großen Geschichtswerke der Welt, die *Aufzeichnungen des Chronisten*. In den verbleibenden zwölf Jahren seines Lebens vollendete Sima Qian den Plan seines Vaters, indem er eine umfassende Geschichte Chinas von den prähistorischen Anfängen bis zum Ende der Herrschaft von Han Wudi im Jahre 87 v. Chr. zusammenstellte und schrieb. Die *Aufzeichnungen des Chronisten* sind ein komplexes Werk, das nicht nur eine chronologische Darstellung von Ereignissen enthält, sondern auch Biographien berühmter Persönlichkeiten der Vergangenheit, Geschichten wichtiger Familien und Essays über verschiedene Aspekte des chinesischen Lebens, die vom Kalender bis zu den Kanälen reichen, während gleichzeitig argumentiert wird, dass Han Wudi und seine Han-Vorgänger Teil einer kontinuierlichen Linie von Herrschern Chinas waren, die bis zu den Anfängen der Geschichte des Landes zurückreicht.

Sima Qians großes Werk war das Vorbild für die Serie von 24 dynastischen Historien, die sich von der Antike bis ins 17. Jahrhundert erstrecken und China zum am gründlichsten dokumentierten aller archaischen Reiche gemacht haben. Die *Aufzeichnungen des Chronisten* sind jedoch mehr als eine Geschichte Chinas. Wie sein älterer griechischer Zeitgenosse Polybios schrieb Sima Qian eine Geschichte der bekannten Welt. So ermöglichen uns ihre Werke und die ihrer Nachfolger heute, die Entstehung einer neuen Ordnung in Afro-Eurasien nach dem Zusammenbruch des hellenistischen Staatensystems nachzuzeichnen, das durch die beiden Reiche Rom im Westen und China im Osten verankert war, zwei Staaten, die zusammen fast 100 Millionen Menschen umfassten, etwa die Hälfte der damaligen Weltbevölkerung.

Zum ersten Mal gab es Verbindungen, wenn auch dürftige, zwischen den Entwicklungen im Osten und Westen, dank des Wiederauftauchens der Iraner als wichtige Akteure in der Weltgeschichte nach der zwei Jahrhunderte dauernden Herrschaft durch Alexander den Großen und seine Nachfolger. Die Iraner teilen mit den Juden die Auszeichnung, eines der beiden einzigen Völker des alten Nahen Ostens zu sein, deren kulturelle Traditionen die Krisen der Mitte des 1. Jahrtausends n. Chr. überlebten, die das Ende der Antike markierten. Der Schlüssel zur Wiederbelebung der iranischen Kultur war das Aufkommen von Parthien als wichtigster Nachfolgestaat des Seleukidenreichs. Im 1. Jahrhundert v. Chr. erstreckte sich das parthische Territorium von Mesopotamien im Westen bis zu den Grenzen von Baktrien im Osten und umfasste im Wesentlichen den heutigen Irak und Iran. Die parthische Kultur war zwar kaum zugänglich, doch war Parthien aufgrund seiner strategischen Lage sowohl für Rom als auch für China von Interesse.

Da sich die Parther auch als Erben ihrer persischen Vorgänger sahen, kamen sie unweigerlich in Konflikt mit den Römern, die im späten 2. und 1. Jahrhundert v. Chr. in den Nahen Osten expandierten. Die Feindseligkeiten zwischen den beiden Staaten dauerten fast ein halbes Jahrhundert und endeten erst 20 v. Chr. mit einem Abkommen, das von Vertretern des Kaisers Augustus und dem zeitgenössischen parthischen König ausgehandelt wurde und das die römische Oberhoheit über Armenien und die parthische Akzeptanz des Euphrat als Grenze zwischen römischem und parthischem Gebiet anerkannte.

Obwohl das Abkommen eher ein diplomatischer als ein militärischer Triumph war, da die Römer das Stigma vergangener parthischer Siege auslöschen wollten, garantierte es Stabilität in Westasien bis zum frühen 2. Jahrhundert n. Chr. Ein Schlüsselfaktor für den Erfolg des römischen Abkommens mit Parthien war jedoch, dass für die parthischen Könige des späten 2. und 1. Jahrhunderts v. Chr. ihre Hauptsorge nicht Rom war, sondern die Bedrohung durch die Shaka-Nomaden. Diese wollten im parthischen Iran eine neue Heimat finden wollten, nachdem sie von den Yuezhi aus Baktrien vertrieben worden waren, die ihrerseits vor der westlichen Expansion der Xiongnu flohen.

Grenzkriege waren jedoch nicht die ganze parthische Geschichte. Parthien war ein wohlhabendes Königreich mit vielen Städten, die dadurch reich geworden waren, dass sie als Hauptvermittler im

Abb. 12: Die komplexe Bildsprache dieser Marmorstatue, bekannt als Augustus von Prima Porta, verkörpert die römische imperiale Ideologie. Die Figur des Eros auf einem Delphin neben seinem rechten Bein spielt auf die legendäre Abstammung des Augustus von der Göttin Venus an, während die Darstellung des Partherkönigs auf seiner Rüstung den diplomatischen Sieg des Augustus über Parthien feiert.

Seidenhandel zwischen Westasien und dem Mittelmeer und China dienten, ein Handel, der ab dem 2. Jahrhundert v. Chr. stetig wuchs. Die Expansion des Seidenhandels wurde im Osten durch diplomatische Geschenke von chinesischer Seide an die Xiongnu und andere Nomadenstaaten und im Westen durch die scheinbar unersättliche Nachfrage der römischen Oberschicht nach Seidenstoffen aller Art angeheizt. Es wird berichtet, dass Karawanen aus Parthien China bereits 106 v. Chr. erreicht haben. Wie wichtig der Seidenhandel für die Parther war, zeigt der chinesische Historiker Ban Gu aus dem 1. Jahrhundert n. Chr., der Sima Qians Geschichte der Han-Dynastie fortsetzte und nicht nur die Ankunft parthischer Botschaften am Han-Hof im 1. Jahrhundert n. Chr. dokumentierte, sondern auch erzählte, wie die Parther 97 n. Chr. eine chinesische Botschaft nach Rom vereitelten, um ihr Monopol auf den Seidenhandel nach Westen zu bewahren (Hill 2015, I 23).

Obwohl sich die königliche Residenz der Parther in Ktesiphon, südöstlich des heutigen Bagdad, befand, bedeutete die Festlegung des Euphrat als Grenze zwischen dem römischen und dem parthischen Territorium, dass der Iran das Herz des Reiches war, nicht mehr Syrien und Mesopotamien, wo das griechische Erbe stark war. Die Stärkung des iranischen Charakters des parthischen Königreichs, die im 2. Jahrhundert v. Chr. begonnen hatte, setzte sich daher in den nächsten drei Jahrhunderten fort. Dennoch war der Niedergang der griechischen Kultur in Parthien allmählich. So war es beispielsweise noch 53 v. Chr. möglich, dass der Kopf des besiegten römischen Generals Crassus von einem griechischen Schauspieler als Requisite bei einer Aufführung von Euripides' Tragödie *Bakchen* am parthischen Königshof verwendet wurde. Im 1. Jahrhundert n. Chr. hatte sich die Situation jedoch geändert. Griechisch war in den Legenden auf parthischen Münzen und in Regierungsdokumenten durch Iranisch ersetzt worden, das in einer neuen Schrift namens Pahlavi geschrieben wurde; diese Schrift war aus der aramäischen Schrift entwickelt worden, die Jahrhunderte zuvor von der achämenidischen Verwaltung verwendet worden war. Auch wenn die mündliche Natur der parthischen Kultur unser Wissen über die parthische Religion einschränkt, deuten indirekte Belege – der avestische Charakter der Namen der parthischen Könige und die Verwendung der Pahlavi-Schrift für zoroastrische Texte – darauf hin, dass der Zoroastrismus die dominierende Religion im parthischen Iran war.

Die Existenz von Parthien veränderte auch den Verlauf des römischen Imperialismus. In einer Passage der *Aeneis*, dem römischen Nationalepos, schrieb der Dichter Vergil aus dem späten 1. Jahrhundert v. Chr., dass der Himmelsgott Jupiter Rom ein *imperium sine fine*, ein »Reich ohne Grenzen«, gewährt hatte (Vergil, *Aeneis* 1,279), während andere römische Dichter leichtfertig davon sprachen, dass Rom dem Beispiel Alexanders folgen und bald Indien erobern würde. Für einen Großteil des späten 2. und 1. Jahrhunderts v. Chr. schienen solche Träume nicht unmöglich.

Zwischen dem Tod von König Attalos III. von Pergamon im Jahr 133 v. Chr. und dem Selbstmord von Kleopatra VII. von Ägypten im Jahr 30 v. Chr. kam das gesamte östliche Mittelmeerbecken von Anatolien bis Ägypten unter römische Kontrolle. Der Prozess verlief nicht friedlich. Zahlreiche Kriege, darunter drei im frühen 1. Jahrhundert v. Chr. mit Mithridates VI., dem dynamischen König des nordanatolischen Königreichs Pontos, und fast zwei Jahrzehnte erbitterter Bürgerkriege zwischen römischen Kriegsherren in den 40er- und 30er-Jahren v. Chr., waren nötig, bevor das östliche Mittelmeer zu einer römischen See wurde. Träume von einer weiteren Expansion im Osten endeten jedoch in den späten 20er-Jahren v. Chr. mit der römischen Anerkennung der Unabhängigkeit Parthiens und dem fast gleichzeitigen Scheitern der römischen Versuche, nach Südarabien, Kusch und in die zentrale Sahara zu expandieren. Von nun an sollte der Schwerpunkt der römischen Kaiserträume in Mittel- und Westeuropa liegen.

Bis zur Mitte des 1. Jahrhunderts v. Chr. regierte Rom ein mediterranes Imperium mit wenig Interesse an einer Expansion nach Kontinentaleuropa. Erst im Jahr 19 v. Chr. erlangten die Römer die Kontrolle über die Alpenpässe und sicherten sich den Zugang zu den wichtigsten Routen von Italien nach Mitteleuropa. Es ist daher nicht verwunderlich, dass der erste große römische Vorstoß in das europäische Innere fast zufällig erfolgte.

Auf der Suche nach militärischer Macht und Ruhm, um es mit seinen Rivalen Pompeius und Crassus aufzunehmen, nutzte Caesar den Hilferuf eines mit Rom verbündeten gallischen Stammes, um einen brutalen Eroberungsfeldzug in Gallien, dem heutigen Frankreich, zu starten, der von 59 bis 51 v. Chr. dauerte. Am Ende des Jahrzehnts war ganz Gallien vom Mittelmeer bis zum Rhein unter römische Herrschaft gekommen, wenn auch um den Preis von wohl über einer Million getöteter oder versklavter Gallier. Vier Jahrzehnte später nahm Caesars Adoptivsohn und Nachfolger, Kaiser Augustus, diese Expansionspolitik wieder auf und trieb während einer zwei Jahrzehnte dauernden Periode ab 12 v. Chr. die römische Macht auf breiter Front vom Schwarzen Meer bis zur Nordsee voran. Für einen kurzen Moment ruhten Roms Grenzen an der Donau in Mittel- und Südosteuropa und an der Elbe im Nordwesten, bis der Verlust von drei ganzen Legionen in einem deutschen Aufstand im Jahr 9 n. Chr. in der Schlacht im Teutoburger Wald – die schlimmste römische Niederlage seit fast zwei Jahrhunderten – Augustus dazu zwang, die Grenzen der römischen Macht zu erkennen und Roms Grenzen wieder an den Rhein zurückzuziehen, wo sie für die nächsten vier Jahrhunderte bleiben sollten.

Die römische Expansion in Kontinentaleuropa führte zu massiven Veränderungen in der Kultur des prähistorischen Europas, die in ihrem Ausmaß mit denen vergleichbar waren, die durch die europäische Eroberung der Amerikas verursacht wurden. Um die Mitte des 1. Jahrhunderts v. Chr. bewohnten landwirtschaftliche Bevölkerungen mit ähnlicher materieller Kultur, hauptsächlich keltischsprachig westlich des Rheins und deutschsprachig östlich davon, einen Großteil des heutigen Frankreichs und Germaniens. Während der germanische Teil dieses riesigen Territoriums von zahlreichen kleinen Bauerndörfern bevölkert war, hatte das reiche landwirtschaftliche Potenzial Galliens zu einer großen Bevölkerung und der Entwicklung einer beginnenden Urbanisierung geführt, die durch die Ausbreitung von stadtgroßen, befestigten Höhensiedlungen, die man in der Archäologie als Oppida (von lateinisch *oppidum*) bezeichnet, in ganz Gallien gekennzeichnet war.

Abb. 13: Der Kessel von Gundestrup ist ein Silbergefäß, das in einem Torfmoor in Dänemark entdeckt wurde. Diese Tafel zeigt aristokratische Reiterei und Fußsoldaten, die zum Klang von Hörnern in den Krieg marschieren, während eine große Figur auf der linken Seite – wahrscheinlich ein Gott – einen Menschen durch Ertränken opfert. Die Kombination von aristokratischen keltischen Motiven mit der für die thrakische Handwerkskunst aus dem Balkan typischen Silberbearbeitungstechnik ist ein Beleg für den weit verbreiteten Kontakt zwischen europäischen Kulturen im 1. Jahrtausend v. Chr.

Caesars anschauliche Kommentare zu seinen gallischen Kriegen enthüllen, dass die Oppida von aristokratischen Oligarchien mithilfe von erblichen Priestern, den Druiden, regiert wurden. Archäologische Belege deuten auch darauf hin, dass die Oppida Produktionszentren und Knotenpunkte von Handelsnetzwerken waren, die das Mittelmeer mit Britannien im Westen und Mitteleuropa im Osten verbanden. Darüber hinaus legen Funde von Münzen, die von den Oppida ausgegeben wurden und letztlich auf makedonischen Vorbildern aus dem 4. Jahrhundert v. Chr. beruhten, nahe, dass die gallische Wirtschaft allmählich monetarisiert wurde. Ebenso deuten keltische Inschriften, die mit dem griechischen Alphabet geschrieben wurden, und Hinweise in klassischen Werken auf Verwaltungstexte darauf hin, dass die Gallier ebenfalls begonnen hatten, eine Schriftkultur zu entwickeln.

Die Etablierung des Rheins als Grenze zwischen dem römischen Gallien und dem freien Germanien änderte diese Situation grundlegend. Die Kontinuität der materiellen Kultur von Gallien nach Germanien verschwand. Stattdessen gibt es historische und archäologische Zeugnisse, insbesondere das Auftauchen von Waffen und römischen Luxusgütern in Gräbern von Angehörigen der Oberschicht und Opferdepots – wahrscheinlich Geschenke römischer Diplomaten an bevorzugte Häuptlinge –, die auf die Entstehung zahlreicher militarisierter Häuptlingstümer und eine Kultur endemischer Kriegsführung im gesamten freien Germanien hinweisen, die das Gebet des römischen Historikers Tacitus aus dem frühen 2. Jahrhundert n. Chr. erfüllte:

> Es bleibe, so flehe ich, und bestehe fort bei diesen Völkern, wenn nicht Liebe zu uns, so doch gegenseitiger Hass.
>
> Tacitus, *Germania* 33, übers. Fuhrmann 2016, 49

Westlich des Rheins, in Gallien, verschwand unterdessen die Zivilisation der Oppida. Die Siedlungen auf den Hügeln, auf die Caesar gestoßen war, wurden aufgegeben und in den nächsten zwei Jahrhunderten allmählich durch neue, im römischen Stil errichtete Städte ersetzt. Diese wurden von gallischen Aristokraten regiert, die bereit waren, mit ihren neuen römischen Herren zusammenzuarbeiten, während die kriegerischen Werte der gallischen Aristokratie in den Dienst des römischen Militärs umgelenkt wurden. Die Konsolidierung der römischen Herrschaft war ein langer Prozess, der mehr als ein Jahrhundert dauerte und von wiederholten Rebellionen unterbrochen wurde, während derer die Druiden, deren Prophezeiungen von gallischer Freiheit und kultureller Erneuerung den Widerstand gegen Rom inspirierten, zusammen mit ihren Kulten unterdrückt wurden. Die gallische Kultur wurde gleichsam enthauptet, was dazu führte, dass sich in den neuen Städten Galliens eine hybride Kultur herausbildete: Die städtischen Oberschichten waren zunehmend römisch organisiert und es wurde lateinisch gesprochen, während die vorrömische Sprache und die religiösen Traditionen vor allem auf der Ebene der Volkskultur in der Landbevölkerung überlebten.

Die dramatische Ausdehnung des Römischen Reiches im späten 2. und frühen 1. Jahrhundert v. Chr. ging einher mit dem fast gleichzeitigen und ebenso dramatischen Zusammenbruch der römischen Republik und der Rückkehr der Monarchie nach fünf Jahrhunderten Abwesenheit in Rom. Es war jedoch keine Revolution im üblichen Sinne, welche die Republik zu Fall brachte, sondern eine Reihe von ineinandergreifenden Krisen, die von den späten 130er-Jahren v. Chr. bis zum Ende der 30er-Jahre v. Chr. andauerten. Die Krisen begannen mit den erfolglosen Versuchen der Gracchen, die zentrale Stellung der Kleinbauern im römischen Leben wiederherzustellen, und ihrem tragischen Tod in den späten 130er- und 120er-Jahren v. Chr., und sie endeten mit der gescheiterten Diktatur Caesars und den Bürgerkriegen der späten 40er- und 30er-Jahre v. Chr., die bestimmten, welcher seiner Nachfolger Rom regieren würde. An einem Punkt, Anfang 80 v. Chr., war Roms Existenz selbst durch einen brutalen Krieg gegen seine italischen Bundesgenossen bedroht, der jedoch mit der Ausweitung des römischen Bürgerrechts auf alle Einwohner Italiens endete, ein entscheidender Schritt in der gesellschaftlichen und kulturellen Vereinigung der italienischen Halbinsel.

Es gibt keine einzelne Ursache, welche diese disparaten Ereignisse erklärt, aber allen lag eine grundlegende Realität zugrunde: Roms politische Institutionen, die sich in der frühen Republik entwickelt hatten, um einen kleinen Stadtstaat zu regieren, waren unzureichend, um ein kontinentweites Reich zu verwalten und die römische Armee und ihre Befehlshaber, von denen die Sicherheit des Reiches abhing, zu kontrollieren. Infolgedessen verlor der Senat, dessen Einfluss im 3. und 2. Jahrhundert v. Chr. gewachsen war, im letzten Jahrhundert der Republik stetig seine Macht an eine Reihe von Kriegsherren – Männer, deren Macht letztlich auf der persönlichen Loyalität der Armeen beruhte, die sie befehligten: Marius, Sulla, Pompeius, Caesar und der letzte und größte von ihnen allen, Caesars Adoptivsohn Gaius Octavius, der spätere Kaiser Augustus, um nur die prominentesten zu nennen.

Das Römische Reich vom Tod Caesars bis etwa 200 n. Chr.

- Beim Tod Caesars 44 v. Chr.
- Beim Tod des Augustus 14 n. Chr.
- Bis ca. 200 n. Chr.

Sarmaten
Alanen
Kaspisches Meer
DAKIEN
Donau
Schwarzes Meer
LASIKA
ARMENIEN
THRAKIEN
Byzanz
KAPPADOKIEN
Pergamon
ASIA
Athen
Ephesus
Antiocheia
LYKIEN
SYRIEN
Zypern
Kreta
Tyros
JUDÄA
Jerusalem
ARABIEN
Kyrene
Alexandreia
KYRENE
Memphis
ÄGYPTEN
Nil
Rotes Meer

Der Aufbau einer neuen römischen Monarchie nahm die gesamte lange Regierungszeit des Augustus von 30 v. Chr. bis 14 n. Chr. in Anspruch. Der Prozess war schwierig, obwohl er einige wichtige Vorteile hatte. Der grundlegendste war, dass Augustus, wie Qin Shi Huangdi, von der Erschöpfung der Römer durch jahrzehntelange Bürgerkriege und politische Auseinandersetzungen profitierte. Diese Konflikte hatten auch den Senat dezimiert, wodurch die erbittertsten Gegner seiner neuen Ordnung ausgeschaltet wurden. Schließlich bot ihm die Integration der italischen in die römische Oberschicht, die schon früh im 1. Jahrhundert v. Chr. das römische Bürgerrecht erhalten hatte, ein Reservoir an zuverlässigen Unterstützern für seine Reformen.

Das System, das Augustus aufbaute, beruhte auf der Umwandlung der römischen Armee in eine besoldete, dem Augustus treu ergebene Berufsarmee, die durch die Einnahmen aus den Tributen des Reiches finanziert und durch von ihm ernannte Offiziere geführt wurde, auf der Schaffung einer kaiserlichen Verwaltung, die mit Augustus' persönlichen Sklaven und Freigelassenen besetzt war, und auf der Versöhnung des Senats mit der neuen Monarchie, indem er sie hinter der Fassade dessen verbarg, was er die »Wiederherstellung der Republik« nannte, die gewissenhafte Aufrechterhaltung der Fiktion, dass er kein König war, sondern der *princeps* – der erste Bürger – oder, wie Augustus seine Position in der Zusammenfassung seiner Errungenschaften beschrieb, die er am Ende seines Lebens erstellte:

> Ich überragte alle an Einfluss, Amtsgewalt aber besaß ich um nichts mehr als diejenige, die meine Kollegen in den jeweiligen Ämtern waren.
>
> *Res Gestae Divi Augusti* 34, übers. Bringmann / Wiegandt 2008, 260

Natürlich waren nicht alle von Augustus' Initiativen gleichermaßen erfolgreich. Das desaströse Scheitern seiner Germanienpolitik wurde bereits erwähnt. Ähnlich erfolglos waren die Ehegesetze, die er förderte, um die schrumpfende Zahl der aristokratischen Familien umzukehren, nur um sich dann gezwungen zu sehen, seine Tochter und seine Enkelin, die beide Julia hießen, ins Exil zu schicken, in Übereinstimmung mit den Strafen, die seine eigenen Gesetze über Ehebruch vorschrieben. Aber die meisten seiner Initiativen waren erfolgreicher. Am offensichtlichsten waren die enormen Bauprogramme, die schließlich die Umwandlung Roms in eine Hauptstadt einleiteten, welche dem von ihm regierten Imperium angemessen war. Andere Initiativen versorgten die Stadt zum ersten Mal mit rudimentären Feuerschutz- und Polizeibehörden und erweiterten die Wohlfahrtsprogramme für die Bürger, die ein Jahrhundert zuvor mit Gaius Gracchus' Gesetz begonnen hatten, das den Verkauf von Getreide zu subventionierten Preisen bei Lebensmittelknappheit erlaubte.

Augustus' wichtigste Errungenschaft war jedoch, dass bei seinem Tod im Jahr 14 n. Chr. sein System zum neuen Standard geworden war. Wie der Historiker Tacitus verzweifelt fragte:

> Wie viele gab es da noch, die die Republik erlebt hatten?
>
> Tacitus, *Annalen* 1,3,7, übers. Städele 2011, I 15

Da die Mehrheit des Senats und andere Mitglieder der römischen Oberschicht ihre Positionen dem augusteischen System verdankten, war sein Überleben trotz seiner Mängel gesichert, von denen nicht der geringste das Fehlen eines Mechanismus zur Wahl eines Nachfolgers von Augustus war. Der Beleg liegt in einer einfachen Tatsache: Trotz all der Exzentrizitäten seiner vier Nachfolger Tiberius, Caligula, Claudius und Nero, deren Verbrechen die Seiten der römischen Historiker füllen, stellte niemand die Frage, ob es überhaupt einen Kaiser geben müsse. Selbst als rebellische römische Armeen während der Krise der Jahre 68 bis 70 n. Chr. vier Kaiser in zwei Jahren schufen, führten diese Ereignisse nicht zu einer Bewegung zur Wiederherstellung der Republik, sondern zur Etablierung einer neuen Dynastie, der flavischen, die das Römische Reich bis 96 n. Chr. regierte. Erst im darauffolgenden Jahrhundert sollte Rom mit einer weiteren Nachfolgekrise konfrontiert werden, die mit dem Vierkaiserjahr vergleichbar war, doch auch diese Krise endete mit der Etablierung einer neuen Dynastie, der der Severer, die das Reich bis 235 n. Chr. regieren sollten.

In diesen beiden Jahrhunderten kam es auch zu großen Veränderungen in der römischen Gesellschaft, wenn auch nicht im Leben der großen Mehrheit der Römer, deren Existenz sich weiterhin um Ehe, Familie und den Kampf um den Lebensunterhalt drehte. Das galt selbst für die Handvoll von Frauen aus der Oberschicht, die von Augustus' Gesetz profitierten, dass Frauen, die drei Kinder zur Welt brachten, von der Verpflichtung befreit waren, einen männlichen Vormund zu haben, und somit ihren eigenen Besitz verwalten konnten. Die Zusammensetzung der römischen Gesellschaft selbst änderte sich jedoch dramatisch.

Am weitreichendsten war die kulturelle Vereinheitlichung Italiens, dank der Ausweitung des römischen Bürgerrechts auf ganz Italien im Zuge des Bundesgenossenkriegs. Infolgedessen verbreiteten sich die lateinische Sprache und die römische Identität auf der gesamten Halbinsel und verdrängten allmählich alte lokale Sprachen und Kulturen wie die etruskische. Fast ebenso weitreichend war die Transformation von Rom selbst. Die Stadt war ein starker Magnet, der Migranten – sowohl Sklaven als auch Freie – aus dem ganzen Reich anlockte, angezogen vom Reichtum, der in die Hauptstadt floss. Gegen Ende des 1. Jahrhunderts n. Chr. war Rom zu einer multiethnischen Stadt mit großen Gemeinschaften von Griechen, Juden und Ägyptern geworden, um nur die prominentesten zu nennen. Von diesen Gemeinschaften sind heute nur ihre Epitaphien und die Katakomben übrig geblieben, in denen sie viele ihrer Toten begruben, sowie vorurteilsbehaftete Kommentare in der lateinischen Literatur, wie etwa der wütende Beginn der satirischen Beschreibung des Lebens in Rom durch den Satiriker Juvenal aus dem frühen 2. Jahrhundert n. Chr.:

> Nicht ertragen kann ich, liebe Mitbürger, das griechische Rom.
>
> Juvenal, *Satiren* 3,60–61, übers. Lorenz 2017, 141

In der Antike waren diese Gemeinden jedoch die Zentren einer lebendigen Diaspora, welche die wichtigsten Kanäle für die Einführung neuer Religionen wie des Judentums, des Christentums und des ägyptischen Kults von Isis und Osiris in Rom waren.

Abb. 14: Relief vom Titusbogen, das den Einzug des Siebenarmigen Leuchters und anderer Gegenstände aus dem Tempel von Jerusalem in Rom zeigt. Der Tempel war am Ende des jüdischen Aufstands 70 n. Chr. geplündert und verbrannt worden; die Zerstörung des Tempels markierte das Ende des Judentums als eine tempelzentrierte und von Priestern geleitete Religion und den Beginn des rabbinischen Judentums, das zur dominierenden Form dieser Religion wurde.

Das 1. Jahrhundert v. Chr. war auch die klassische Periode der römischen Literatur. Die Autoren, deren Werke fast zwei Jahrtausende lang zu den Standardlehrbüchern der europäischen Bildung gehörten, schrieben alle in dieser Zeit Männer wie der Redner und Politiker Cicero, die Historiker Caesar und Livius und die Dichter Horaz, Ovid und Vergil. Die Entwicklung dieser Literatur wurde von drei Themen beherrscht: von der Standardisierung des Lateinischen als Literatursprache, von der bewussten Schaffung einer klassischen Literatur in Latein, die mit der griechischen konkurrieren sollte, und von der Feier der Errungenschaften Roms. Dabei wurden viele Inhalte des griechischen Denkens in die neue lateinische Literatur aufgenommen, was ihre Übertragung und Bewahrung in der zunehmend lateinischsprachigen Oberschichtkultur Süd- und Westeuropas erleichterte. Ebenso wichtig ist, dass die Literatur der späten Republik und des frühen Römischen Reiches auch den multiethnischen Charakter Roms im 1. Jahrhundert v. Chr. widerspiegelt. Mit wenigen Ausnahmen wie Caesar waren die wichtigsten Autoren dieser Zeit keine Stadtrömer, sondern Bürger italischer Städte, die nach dem Bundesgenossenkrieg das römische Bürgerrecht erhalten hatten, oder assimilierte Provinzialen wie der Gallier Pompeius Trogus, der auf Latein eine einflussreiche Geschichte der von Rom eroberten Völker schrieb, oder pro-römische Griechen wie der Rhetoriker Dionysios von Halikarnassos, der in seiner Geschichte der frühen Republik argumentierte, dass Rom in Wirklichkeit eine griechische Stadt war, und Strabon, der eine monumentale Geographie der bekannten Welt verfasste, die Roms zivilisatorische Mission betonte.

Es war nicht nur der römische Westen, der von der Entstehung Parthiens als bedeutende eurasische Macht betroffen war. Seine Auswirkungen waren auch in Zentral- und Südasien zu spüren. Parthiens erfolgreiche Verteidigung gegen Nomadeninvasionen im Iran und die anschließende Expansion nach Baktrien lenkte erst die Shaka und dann die Yuezhi nach Süden in den Nordwesten Indiens ab. Das Indien, in das sie eindrangen, war in eine Vielzahl von konkurrierenden Königreichen aufgeteilt, von denen die wichtigsten die der Shungas im Ganges-Tal und die der Satavahanas im Dekkan waren. Die Invasionen der Shakas und Yuezhi verkomplizierten daher eine bereits komplexe politische Situation.

In Indien kam es daraufhin zu weitreichenden Veränderungen, von denen zwei besonders bemerkenswert waren. Erstens verschwand bis zum Ende des 1. Jahrhunderts v. Chr. das letzte der indo-griechischen Königreiche, wodurch das, was von Alexanders Eroberungen in Baktrien und Indien übrig war, beseitigt wurde. Zweitens vereinigte Kujula Kadphises, der Anführer des Kuei-shuang-Stammes der Yuezhi, die fünf Stämme der Yuezhi und gründete ein Königreich, das sich von Baktrien bis in den Nordwesten Indiens erstreckte und den Kern des

Kuschan-Reiches bildete, das im frühen 2. Jahrhundert n. Chr. die gesamte Region vom Oxos-Fluss (Amudarya) im Norden bis zum Ganges-Tal im Süden umfasste und dabei Parthien im Westen und China im Osten mit Indien im Süden verband.

Trotz seiner chaotischen Politik, in der sich die Macht und die Territorien der Königreiche wie eine Ziehharmonika ausdehnten und zusammenzogen, war Indien im Allgemeinen wohlhabend und durch das Wachstum des Handels gekennzeichnet. Die Aktivitäten der indischen Händler erstreckten sich zumindest vom Hafen Berenike am Roten Meer in Ägypten im Westen über Südostasien im Osten und Sri Lanka im Süden bis nach Zentralasien im Norden. Und sie blühten auf. In einer in elegantem Griechisch verfassten autobiographischen Inschrift, die an einer Hauptstraße in Baktrien aufgestellt wurde, erzählt ein griechisch gebildeter indischer Kaufmann namens Sophytos, Sohn des Naratos, wie er, nachdem seine Familie ihren ganzen Reichtum verloren hatte, …

> … die Heimat verließ … und in viele Städte ging und ohne Tadel großen Reichtum erwarb.

Supplementum Epigraphicum Graecum LIV 1568, 9–12, übers. n. Chaniotis 2004

Indische literarische Werke wie die Sammlung von moralisierenden Geschichten, die *Pancatantra* genannt werden, feiern ebenfalls den Reichtum, der durch den Handel in fremden Ländern gewonnen werden kann:

> Im Leben verdoppeln und verdreifachen diejenigen, die sich im Kaufen und Verkaufen auskennen und in ferne Länder reisen, um Handel zu treiben, ihr Vermögen durch ihre unermüdlichen Anstrengungen.

Pancatantra 5, Die vier Schatzsucher, übers. n. Rajan 1995, 405

Lebendige Belege für den Reichtum solcher Händler sind die zahlreichen Spenden, die sie an buddhistische und Jain-Klöster und für den Bau von buddhistischen Stupas und massiven Speisesälen machten, die in die Seiten der Berge im Dekkan gegraben wurden.

Der Wohlstand ging auch mit dem Wachstum von Städten einher, einige davon alt wie das intellektuelle Zentrum von Taxila und andere neu wie die Kuschan-Hauptstadt Mathura. Neuer Reichtum, expandierende Städte und die Ausbreitung von Königreichen, die von fremden Dynastien regiert wurden, wirkten sich unweigerlich auch auf das gesellschaftliche Leben aus. In den Städten entstand zum Beispiel die hochentwickelte Gesellschaft, die im *Kamasutra* beschrieben wird. Gleichzeitig drohten das Wachstum der Städte und die Möglichkeiten, die sich in ihnen boten, auch das Varna-System zu untergraben, so dass in den *Gesetzen des Manu* Brahmanen und Mitgliedern der anderen drei höchsten Varnas erlaubt wird, im Fall wirtschaftlicher Not auch ihnen sonst verbotenen Berufen nachzugehen, ohne sich dabei unrein zu machen:

> Ein Brahmane, der nicht von den erwähnten besonderen Tätigkeiten leben kann, darf nach dem Dharma des Kshatriya (Kriegers) leben, denn das ist für ihn der nächste Stand. Wenn gefragt wird, wie soll es sein, wenn er nicht von diesen beiden (Lebensformen) leben kann, dann darf er auch das Leben eines Vaishya (Hirten oder Händlers) leben und Ackerbau und Viehzucht ausüben.
>
> *Manusmrti / Manus Gesetzbuch* 10,81–82, übers. Michaels 2010, 232–233

In dieser Zeit kam es auch zu grundlegenden kulturellen Veränderungen. Neben den Opfern, die das Herzstück des traditionellen indischen Kultes bildeten, erschienen neue Kulte, die sich der persönlichen Verehrung einzelner Gottheiten widmeten, insbesondere Vishnu, dem Schöpfer der kosmischen Ordnung, und Shiva, dem Zerstörer. Die neureichen Kaufleute und die ausländischen Fürsten richteten ihr Mäzenatentum jedoch auf den Jainismus und vor allem den Buddhismus, die nicht so eng mit dem Varna-System verwoben waren. Besonders attraktiv für sie war die Mahayana-Form des Buddhismus mit ihrer Betonung der Möglichkeit, dass jeder ein Buddha werden kann, und ihrer Verehrung für Bodhisattvas, Individuen von höchstem moralischem Wert, die ihre Erlangung des Nirvana freiwillig hinauszögerten, um der Menschheit zu helfen, ähnliche Vollkommenheit zu erreichen. Kodifiziert in einer reichen und vielfältigen Sanskrit-Literatur und gefördert von den Kuschan-Kaisern, insbesondere Kanischka I., verbreitete sich der Mahayana-Buddhismus zusammen mit indischen Kaufleuten entlang der Handelsrouten in ganz Zentralasien und erreichte schließlich im 2. Jahrhundert n. Chr. China.

Auch Literatur und Kunst blühten auf. Das reiche Korpus an mahayana-buddhistischen Werken, die während dieser Periode verfasst wurden, wurde bereits erwähnt. Darüber hinaus deuten interne Belege darauf hin, dass eine breite Palette klassischer Sanskrit-Texte, einschließlich der *Gesetze des Manu*, des *Arthashastra* und des *Ramayana*, im 1. Jahrhundert n. Chr. ihre endgültige Form erreicht hatten, während königliche Inschriften auf die Existenz einer heute verlorenen Literatur hinweisen, in der die Errungenschaften der Könige gefeiert wurden. In der Gandhara-Region im Nordwesten Indiens schufen Bildhauer, die mit den Stilen und Techniken der hellenistischen griechischen Bildhauerei vertraut waren, die erste figürliche buddhistische Kunst, indem sie Darstellungen des Buddha nach dem Vorbild von Apollon modellierten und sogar Themen des Trojanischen Krie-

Abb. 15: Das Kuschan-Reich von Kanischka I. (um 129–152 n. Chr.) hatte eine kosmopolitische Kultur, die zentralasiatische, indische und griechische Elemente kombinierte. Diese seltene Münze zeigt einen bärtigen Kanischka, der sich auf ein Schwert stützt und eine typische Nomadentracht aus Hose und Gewand trägt. Auf der Rückseite ist ein Bild von Buddha mit seinem Namen in griechischen Buchstaben dargestellt.

ges in die Dekoration buddhistischer Stupas aufnahmen. Der griechische Einfluss beschränkte sich nicht auf die Kunst, sondern erstreckte sich auch auf die Astronomie und Astrologie, wie die Existenz von Sanskrit-Übersetzungen griechischer astronomischer Texte und die Übernahme des Tierkreises durch indische Astronomen Belegen.

Der eigentliche Ursprung eines Großteils der politischen Umwälzungen in Zentral- und Südasien lag jedoch weiter östlich in China, nämlich im Scheitern der Heqin- oder »Friedens- und Verwandtschafts«-Politik, die von Liu Bang im frühen 2. Jahrhundert v. Chr. eingeführt wurde. Viele chinesische Politiker und Intellektuelle hatten die Heqin-Politik schon immer als demütigend und teuer empfunden: 200 000 Liter Wein, 92 400 Meter Seide und 1000 Unzen Gold waren als jährlicher Tribut zu entrichten (Millward 2013, 24). Die Demütigung und die erpresserischen Kosten wären jedoch erträglich gewesen, wenn sie ihr primäres Ziel, den Frieden an Chinas Nordgrenze, erreicht hätten, was sie jedoch deutlich verfehlten.

Während des ungefähr halben Jahrhunderts ihres Bestehens folgten auf Erneuerungen der Heqin-Abkommen immer wieder Nomadenüberfälle auf chinesisches Gebiet und Forderungen nach erhöhten Zahlungen und der Öffnung von Märkten, auf denen die Xiongnu Handel treiben konnten. Die Wurzel des Problems war einerseits das Bedürfnis des Changyu nach chinesischem Luxus, um seine Anhänger zu belohnen, und andererseits seine Unfähigkeit, seine Verpflichtungen aus dem Heqin-System zu erfüllen, indem er die Xiongnu-Häuptlinge daran hinderte, unabhängige Raubzüge durchzuführen. Wie dem auch sei, die Han-Kaiser hatten den relativen Frieden, der durch die Heqin-Politik erkauft wurde, genutzt, um Chinas militärische Stärke wieder aufzubauen. Diess erlaubte Sima Qians Meister Han Wudi, in Zentralasien in die Offensive zu gehen, mit der Absicht, das Xiongnu-Reich zu zerstören.

Fast zwei Jahrzehnte lang, beginnend in den 130er-Jahren v. Chr., führten chinesische Truppen, die oft Zehntausende von Männern umfassten, Feldzüge in Zentralasien durch. Die Ergebnisse waren dramatisch, denn Han Wudis Streitkräfte eroberten nicht nur die Ordos-Region zurück, sondern dehnten auch die Macht der Han im ge-

Abb. 16: Relief aus dem 2. Jahrhundert n. Chr., das wahrscheinlich Teil eines buddhistischen Monuments in der Gandhara-Region in Nordwestindien war. Die Szene zeigt den Priester Laokoon, der das Trojanische Pferd untersucht, während die Prinzessin Kassandra (ganz links) den Fall Trojas vorhersagt. Die Darstellung einer Szene aus einem griechischen Epos auf einem buddhistischen Monument in einer Mischung aus klassischem und indischem Stil spiegelt die Integration der griechischen und indischen Kulturen in der hellenistischen Zeit wider.

samten Tarim-Becken aus und vertrieben die Xiongnu nördlich der Wüste Gobi. Von nun an boten Han Wudi und seine Nachfolger den Xiongnu Frieden nur unter der Bedingung an, dass die Changyu eine Geisel stellen, Tribut entrichten und China huldigen.

Es bedurfte fast eines weiteres Dreivierteljahrhunderts voller Konflikte und eines Bürgerkriegs zwischen Fraktionen der Xiongnu, bevor der Changyu der südlichen Xiongnu im Jahr 54 v. Chr. den chinesischen Bedingungen zustimmte. Er tat dies nicht zuletzt, weil er erkannte, dass sich das neue System in der Praxis nicht wesentlich vom alten Heqin-System unterschied, da die chinesische Regierung die Xiongnu mit reichen Geschenken und Handelsmöglichkeiten im Austausch für einen Tribut versorgte, der mehr symbolisch als materiell war.

Die Unterwerfung der südlichen Xiongnu im Jahr 54 v. Chr. markierte jedoch das Ende des Xiongnu-Reiches als dominierende Macht in Zentralasien, aber der chinesische Sieg hatte einen hohen Preis. Die Kosten für die ständigen militärischen Feldzüge in Zentralasien und die Kontrolle der dadurch gewonnenen Gebiete brachten den Han-Staat an den Rand des Bankrotts, der nur durch eine belastende Besteuerung, die hauptsächlich von der Bauernschaft bezahlt wurde, und die Einrichtung von staatlichen Monopolen auf Schlüsselbereiche der Wirtschaft, einschließlich solcher lebenswichtigen Güter wie Eisen und Salz, abgewendet werden konnte. Wie in Rom veränderten die Grenzkriege auch die Natur der chinesischen Armee grundlegend. Da der Einsatz von Fußsoldaten in Zentralasien ineffektiv war, schafften die Nachfolger von Han Wudi allmählich den allgemeinen Militärdienst ab und verließen sich stattdessen auf Elitetruppen der Reiterei, die sich hauptsächlich aus Nomadensöldnern zusammensetzten und von Elitetruppen der Armbrustschützen und Garnisonstruppen unterstützt wurden, die aus kurzfristigen Abgaben und Sträflingen bestanden.

Die Auswirkungen des Zusammenbruchs des Xiongnu-Reiches waren in ganz Nordchina zu spüren. Als Chinas nördliche Grenze instabil wurde, suchten schwache Nomadenstämme, die vor ihren mächtigeren Nachbarn flohen, Schutz, indem sie um Erlaubnis baten, sich auf chinesischem Gebiet niederzulassen. Das Ergebnis war das gleiche wie im spätantiken Römischen Reich. Aus der Sicht der Han-Regierung machten Arbeitskräfte zur Besiedlung der Grenzregionen die Anfragen der Nomaden attraktiv, aber die Wirklichkeit war auch, dass die chinesische Regierung die Kontrolle über einen Großteil ihrer nördlichen Grenze verlor. Es wurden große Teile des Territoriums an Stammesgruppen abgetreten, die mit der chinesischen Regierung nur durch ihre Häuptlinge verbunden waren, deren zweifelhafte Loyalität durch ihre Ernennung zu chinesischen Beamten verschleiert wurde.

Die Xiongnu-Kriege veränderten auch die chinesische Gesellschaft grundlegend. Für die Bauernschaft schnitt das Ende des universellen Militärdienstes die Möglichkeit der Aufwärtsmobilität durch Erfolg im Kampf ab, die durch das Qin-Rangsystem ermöglicht worden war. Das Ergebnis in einer überwiegend agrarisch geprägten Gesellschaft wie China war die Ausweitung der Kluft zwischen der Bauernschaft, welche die hohen Steuern zahlte und die vom Han-System geforderten Dienste leistete, und den reichen Landbesitzern, welche die lokale Regierung dominierten. Gleichzeitig wurde die Rekrutierung in den Staatsdienst zunehmend auf Absolventen der kaiserlichen Universität beschränkt, die zu Beginn des 2. Jahrhunderts n. Chr. 30 000 Studenten zählte. Während die Bürokratie auf mehr als 100 000 Beamte anwuchs, konzentrierte sich die Politik zunehmend auf Konflikte zwischen Parteiungen, die versuchten, die Reihe von Kindkaisern zu kontrollieren, die auf Han Wudi folgten. Ein ehrgeiziger Versuch eines Regenten namens Wang Mang scheiterte; er hatte im Jahr 9 n. Chr. die Macht ergriffen und versucht, die Probleme Chinas durch Reformen zu lösen, die auf einer idealisierten Vorstellung von der Organisation der Gesellschaft in der Zhou-Zeit beruhten, einschließlich der Umverteilung von Land und der Abschaffung der Sklaverei. Seine Herrschaft dauerte nur 17 Jahre und endete in einer Revolution und der Wiederherstellung der Han-Dynastie im Jahre 23 n. Chr. mit der Unterstützung der neu ermächtigten Landaristokratie. Während die wiederhergestellte Han-Dynastie den Thron für weitere zwei Jahrhunderte bis zur Abdankung des letzten Han-Kaisers im Jahr 220 n. Chr. hielt, war keines der grundlegenden Probleme des Regimes gelöst, so dass sich seine spätere Geschichte weiterhin um Konflikte um die Kontrolle der kleineren Kaiser zwischen den Palast-Eunuchen und den Familien der Gemahlinnen der Kaiser drehte.

Trotz der politischen Turbulenzen während der Han-Dynastie blühten Kunst und Literatur, insbesondere die Geschichte, die ihre klassische Form im Werk des Historikers Ban Gu aus dem 1. Jahrhundert n. Chr. erreichte. Ban Gu gehörte zu einer literarischen Familie, und wie sein großer Vorgänger und Vorbild Sima Qian nahm sich Ban Gu vor, ein von seinem Vater begonnenes Werk zu vollenden. In Ban Gus Fall musste seine Geschichte jedoch nach seinem Tod im Gefängnis im Jahr 92 n. Chr. von seiner Schwester Ban Zhao vollendet werden, die eine kaiserliche Beamtin und eine angesehene Ge-

Abb. 17: Nach chinesischem Glauben genoss eine Person nach dem Tod weiterhin die gleiche soziale Position und die gleichen Privilegien, die sie zu Lebzeiten hatte. In der Han-Periode enthielten aristokratische Gräber zahlreiche Statuetten von Dienern und Modelle von Gebäuden, wie dieses mehrstöckige Turmhaus, genannt mingqi (Geistgegenstände), welche die soziale Welt nachbilden sollten, die dem Toten zu Lebzeiten vertraut war.

lehrte und Verfechterin der Frauenbildung war sowie die Autorin eines Handbuchs für angemessenes weibliches Verhalten mit dem Titel *Lektionen für Frauen*, das die ideale Frau charakterisierte:

> Lasse eine Frau bescheiden anderen nachgeben; lasse sie andere respektieren; lasse sie andere an die erste Stelle setzen, sich selbst an die letzte.
>
> Ban Zhao, *Lektionen für Frauen* 1, übers. n. Wang 2003, 179

Anders als die *Aufzeichnungen des Chronisten* des Sima Qian war die *Geschichte der westlichen Han-Dynastie* eine offizielle Geschichte, die auf Archivquellen beruhte, welche Ban Gu von Kaiser Ming und seiner Schwester von Kaiser He zur Verfügung gestellt wurden. Sie argumentierte, dass die Legitimität der Han-Dynastie auf der Übertragung des Mandats des Himmels von der Qin-Dynastie auf sie beruhte.

Die königliche Patronage beschränkte sich nicht auf die Geschichtsschreibung, sondern erstreckte sich auch auf andere Bereiche des intellektuellen Lebens der Han. Es war die Ernennung von Professoren für jeden der fünf konfuzianischen Klassiker an der kaiserlichen Akademie durch die frühen Han-Kaiser und ihre Unterstützung für die Bemühungen der Gelehrten, verlässliche Texte für diese Werke zu ermitteln, die den Konfuzianismus zu einem zentralen Bestandteil der Ausbildung von Regierungsbeamten machten und die Richtung der konfuzianischen Gelehrsamkeit für Jahrhunderte bestimmten. Wie vorherzusehen war, kam die einzige Herausforderung für die Dominanz des Konfuzianismus von einem Kaiser, dem Kaiser Huan aus der Mitte des 2. Jahrhunderts n. Chr., der Unterstützung bei den Daoisten suchte. Diese hatten eine regelrechte Kirche gebildet, die der Verehrung des vergötterten Laozi, dem legendären Gründer des Daoismus, gewidmet war, bis der Ausbruch des von Daoisten angeführten Aufstands der Gelben Turbane im Jahr 184 n. Chr. die königliche Schirmherrschaft über den Daoismus beendete. Angesichts der Beispiele aus der Geschichtsschreibung und der Philosophie ist es nicht verwunderlich, dass der Kaiser fortan das angenommene Publikum für die Werke der chinesischen Autoren der Oberschicht war, ganz gleich, um welches Thema es ging.

In einer Passage seiner *Annalen*, seiner Geschichte der ersten vier römischen Kaiser, beklagte der Historiker Tacitus, dass er im Gegensatz zu seinen republikanischen Vorgängern nur über Dinge von geringer Bedeutung schreiben konnte:

> Ungestört oder kaum in Frage gestellt war ja der Friede, beklagenswert die Verhältnisse in der Hauptstadt und der *princeps* (Kaiser) kümmerte sich nicht um die Erweiterung des Reichs.
>
> Tacitus, *Annalen* 4,32,2, übers. Städele 2011, II 41

Am anderen Ende Eurasiens hätte sein älterer Zeitgenosse, der chinesische Historiker Ban Gu, Ähnliches sagen können. In beiden Reichen bestand die Politik aus kaum mehr als den erbitterten Fehden der Hofparteien, und geographische und logistische Schwierigkeiten hatten den Träumen von imperialer Expansion ein Ende gesetzt. Das Ergebnis war, dass vier Reiche – das Römische, das Parthische, das Kuschanische und das Han-Chinesische – deren Dynastien göttliche Autorität für ihre Herrschaft beanspruchten, das gemäßigte Afro-Eurasien vom Atlantik bis zum Pazifik beherrschten.

Historiker wie Tacitus mögen sich über den Mangel an militärischem Ruhm in ihrer Zeit beklagen, aber für die Bevölkerungen dieser Reiche sicherte ihre Koexistenz ein beispielloses Maß an Stabilität und sogar Wohlstand für einige, wenn auch nicht für alle, wie der Ausbruch von Bauernrevolten wie dem Aufstand der Gelben Turbane in China und das weit verbreitete Banditentum im Römischen Reich zeigen. Dennoch war die Stabilität real, und sie ermöglichte zunehmenden Handel und kulturellen Austausch in ganz Afro-Eurasien. Die Gesellschaft wurde zudem komplexer, als die neuen Hauptstädte wuchsen und Einwanderer anzogen, die zur Heimat einer multiethnischen Diaspora wurden. Zugleich war die Periode auch eine Zeit großer kultureller Kreativität. Das königliche Mäzenatentum förderte das Wachstum klassischer Literaturen, welche die Grundlage für die Bildung der Oberschicht bildeten, sowie künstlerische und architektonische Formen, die den visuellen Ausdruck der imperialen Ideologie darstellen sollten, solange die Reiche überlebten.

7 Krise und Erholung

3. Jahrhundert n. Chr.

Irgendwann im Jahr 203 oder 204 n. Chr. veröffentlichte ein anonymer christlicher Autor ein bemerkenswertes Werk, das Tagebuch einer jungen römischen Frau und Mutter namens Vibia Perpetua, die zusammen mit fünf Gefährtinnen im Amphitheater von Karthago hingerichtet wurde. Perpetuas Tagebuch (*Passio Perpetuae*, übers. Rauschen 1913), eines der wenigen erhaltenen Werke der lateinischen Literatur, das von einer gebildeten Frau geschrieben wurde, legt nahe, dass ihre Familie zur herrschenden Oberschicht des römischen Karthago gehörte. Was ihr einen demütigenden Tod im Amphitheater einbrachte, ein Schicksal, das Angehörigen ihrer Klasse normalerweise erspart blieb, war ihre öffentliche Erklärung gegenüber dem Prokonsul – dem römischen Statthalter von Afrika –, dass »ich eine Christin bin«, in Missachtung eines Edikts des Kaisers Septimius Severus, das den Übertritt zum Judentum oder Christentum verbot. Ihr Tod war nicht einfach. Perpetua erzählte in ihrem Tagebuch anschaulich von den Träumen, die sie im Gefängnis hatte, in denen sie überwiegend männliche Dämonen besiegte, die sie davon abbringen wollten, das Martyrium zu suchen, von den Demütigungen, die sie von ihren Wachen ertragen musste, von der Zurückweisung der Bitten ihres Vaters, ihr Bekenntnis zu widerrufen, und davon, dass sie die letzte Verbindung zu ihrer Familie abschnitt, indem sie ihr Baby ihren Eltern übergab. Das Buch schließt mit einem Augenzeugenbericht darüber, wie sie nach dem Überleben des Angriffs einer wilden Kuh von einem Gladiator in der Arena getötet wurde.

Dass Christen, besonders solche aus Familien der Oberschicht wie Vibia Perpetua, bereitwillig einen schrecklichen Tod im Namen eines

Abb. 18: Eine Wandmalerei aus Pompeji, die wahrscheinlich aus dem 1. Jahrhundert n. Chr. stammt. Man nimmt an, dass es sich bei dem Bild um ein idealisiertes Porträt der griechischen Dichterin Sappho handelt, die als gebildete römische Frau dargestellt ist, die in der rechten Hand einen Griffel und in der linken Hand einen Kodex hält – mehrere mit Wachs überzogene Holzbrettchen, die zu einem Notizbuch zusammengebunden sind, in dem sie Entwürfe ihrer Gedichte schreiben konnte.

obskuren jüdischen Predigers in Kauf nehmen würden, der während der Herrschaft des Kaisers Tiberius wegen Aufruhrs hingerichtet wurde, verblüffte Römer wie den stoischen Philosophen und Kaiser Marcus Aurelius (Mark Aurel) aus dem 2. Jahrhundert n. Chr. Er stimmte zu, dass eine Person bereit sein sollte, zu sterben:

> Diese Bereitschaft muss aber aus der eigenen Entscheidung kommen und nicht aus reinem Widerspruch, wie es bei den Christen der Fall ist.
>
> Marcus Aurelius, *Selbstbetrachtungen* 11,3,2, übers. Krapinger 2021, 152

Ihre Verwirrung war verständlich. Das Christentum war etwas noch nie Dagewesenes in der römischen Erfahrung, eine religiöse Untergrundbewegung mit organisierten Gemeinschaften von Gläubigen, die sich nicht nur im ganzen Reich, sondern auch weit über seine Grenzen hinaus bis ins Königreich Parthien und sogar nach Westindien ausgebreitet hatte.

Das Christentum war nicht die einzige Religion, die sich in dieser Zeit dramatisch ausbreitete. Ein Dreivierteljahrhundert nach Perpetuas Tod starb ein bemerkenswerter religiöser Lehrer namens Mani in einem persischen Gefängnis. Mani, der in eine judaisierende Sekte in Mesopotamien hineingeboren wurde, war im Iran und in Westindien weit gereist, bevor er sich selbst zum Nachfolger von Buddha und Jesus und zum Gründer einer Religion erklärte, welche Ideen aus dem Christentum, dem Zoroastrismus, dem Hinduismus und dem Buddhismus vermischte. Nach seinem Tod waren seine Anhänger, bekannt als Manichäer, im gesamten Iran und Mesopotamien und sogar im Römischen Reich zu finden. Noch weiter östlich genoss der Mahayana-Buddhismus einen ähnlichen Erfolg und verbreitete sich von seiner Heimat in Nordindien über die zentralasiatischen Gebiete des Kuschan-Reiches und erreichte schließlich im 2. Jahrhundert n. Chr. China.

Die bemerkenswerte Ausbreitung neuer Religionen war nur ein Beispiel für die Dynamik des Lebens im 2. Jahrhundert n. Chr., einer Periode, die Edward Gibbon, der große englische Historiker des Römischen Reiches, im 18. Jahrhundert n. Chr. als »jene Epoche in der Weltgeschichte, in der die Lage des Menschengeschlechts an glücklichsten und gedeihlichsten war,« (Gibbon 1776, übers. Walter 2003, I 106) charakterisierte – zumindest für Mitglieder der gesellschaftlichen und wirtschaftlichen Oberschicht wie Perpetua und ihre Familie. Belege für den Wohlstand, den Menschen wie Perpetua für selbstverständlich hielten, finden sich in ganz Afro-Eurasien in den Ruinen antiker Städte und religiöser und militärischer Bauwerke, die noch heute von Touristen besucht werden. Diesem Wohlstand lag eine dramatische Zunahme der Konnektivität in ganz Afro-Eurasien zugrunde, welche diese Periode zur ersten wirklich globalen Ära der Weltgeschichte machte. Wie in späteren Perioden der Globalisierung gingen weitreichende gesellschaftliche und wirtschaftliche Veränderungen mit dem Wachstum der Konnektivität einher. Obwohl diese Veränderungen von einem Ende Afro-Eurasiens zum anderen stattfanden, sind sie in Gallien, am westlichen Ende des Römischen Reiches, am besten dokumentiert.

Etwas mehr als eineinviertel Jahrhunderte vor dem Tod der Perpetua in der Arena von Karthago unternahmen die Gallier einen letzten Versuch, sich von der römischen Herrschaft zu befreien. Erst im Jahr 70 n. Chr., nach zwei Jahren erbitterter Kämpfe im gesamten nördlichen Gallien und im Rheintal, gelang es den römischen Streitkräften, die Rebellion zu unterdrücken. Auf die Niederschlagung des großen gallischen Aufstands folgten im nächsten Jahrhundert dramatische Veränderungen in Gallien, Veränderungen, die in anderen westlichen Provinzen des Römischen Reiches ihre Parallelen haben.

Im Inneren Galliens entstanden an strategischen Punkten an den Flüssen Städte im römischen Stil, und auf dem Land wuchsen große Landgüter, deren Zentrum reiche, mit eleganten Mosaiken und klassischen Statuen verzierte Bauernhäuser waren, die man in der Archäologie als Villen bezeichnet. Die treibende Kraft hinter der Verstädterung Galliens war der Wunsch der Römer, das Wachstum der Bürokratie zu begrenzen, indem sie die Verantwortung für die lokale Regierung an Mitglieder der lokalen Oberschichten delegierten, die dazu ermutigt wurden, »Tempel, Märkte und Häuser zu errichten«, wie der Historiker Tacitus, selbst ein römischer Senator aus Gallien und Beleg für den Erfolg dieser Politik, sagt (Tacitus, *Agricola* 21,1, übers. Feger 2017, 35). Genauso wichtig waren die Veränderungen in der gallischen intellektuellen Kultur. Während also Elemente der gallischen Religion bis in die Spätantike überlebten, wurde die Oberschichtkultur nach der Unterdrückung der Druiden und der Einführung der römischen Bildung romanisiert. Infolgedessen gab es im

4. Jahrhundert n. Chr. unter den führenden Intellektuellen im Römischen Reich romanisierte gallische Aristokraten, von denen einige sogar behaupteten, von druidischen Familien abzustammen.

Zur gleichen Zeit verschärfte man die Grenze zwischen Gallien und dem freien Germanien. Überall im Rheintal wurden monumentale Steinkastelle gebaut, um die etwa 40 000 Mann der acht Legionen unterzubringen, welche die Grenze bewachten. Die Zivilsiedlungen rund um die Kastelle, die einst Kneipen und Bordelle beherbergt hatten, wuchsen allmählich zu regulären Städten heran; sie wurden zur Heimat von Legionsveteranen und den Familien, die sie mit ihren einheimischen Frauen gründeten, und entwickelten sich zu wichtigen zukünftigen Städten wie Mainz, Köln und Trier, von denen aus sich die lateinische Kultur im nördlichen Gallien ausbreitete. Zusätzlich zu den großen Legionskastellen erstreckte sich entlang der Grenze vom Meer bis weit ins Landesinnere ein komplexes Netz von Straßen, Gräben, kleineren Kastellen und Palisaden, das man heute als Limes bezeichnet.

Auf den ersten Blick scheint das System dafür gedacht gewesen zu sein, als gewaltige Barriere zu dienen, die das römische Territorium von der barbarischen Welt dahinter trennte, aber der Schein trügt. Wie die chinesischen Mauern am anderen Ende Afro-Eurasiens diente der Limes nicht dazu, Römer und Barbaren zu trennen, sondern den Kontakt zwischen ihnen zu regeln – einen Kontakt, der, wie in China, von den Bedürfnissen der Armee angetrieben wurde, welche die Grenze bewachte. Römische Legionen verbrauchten riesige Mengen an Ressourcen aller Art; so fand man in einem aufgegebenen Lager in Großbritannien bei Ausgrabungen eine Million Eisennägel. Riesige Mengen an Lebensmitteln, Metallwaren und Tieren und Tierprodukten, vor allem Leder, strömten in die Kastelle, nicht nur aus Gallien, wo die Versorgung der Armee das Wirtschaftswachstum ankurbelte, sondern auch von jenseits der Grenze im freien Germanien, wo man die Überreste von Bauernhöfen und Viehzuchtbetrieben entdeckt hat, welche die Legionen versorgten. Zahlreiche Funde von importierten römischen Waren, Münzen und Waffen in Gräbern und Opferstätten zeugen von der Ausbreitung der römischen materiellen Kultur und, was für das Imperium Romanum wohl noch bedrohlicher war, von der Kenntnis der römischen Militärtaktik im freien Germanien.

Die wirtschaftliche Expansion im 2. Jahrhundert n. Chr. war nicht auf Gallien beschränkt, sondern betraf das gesamte Römische Reich. Ein reichsweiter Handel mit Waren wie Wein, Getreide, Bausteinen, Metallen und Sklaven war notwendig, um Megastädte wie Rom und Alexandria zu versorgen. Eine bemerkenswerte archäologische Stätte bei Rom offenbart das gewaltige Ausmaß dieses Handels: der Monte Testaccio. Dies ist ein künstlicher Hügel, der aus vielen Millionen zerbrochener Amphoren besteht; diese keramischen Vorratsgefäße, die etwa 70 Liter Flüssigkeit fassen können, wurden in den ersten zweieinhalb Jahrhunderten n. Chr. für den Transport von Olivenöl aus Südspanien nach Rom verwendet. Zwei Jahrhunderte des Wohlstands, angeheizt durch ein sich verbesserndes Klima, die römische Warmzeit, bildeten die Grundlage für eine beispiellose Expansion des Handels in ganz Afro-Eurasien.

Die vielfältigen Belege, die Anspielungen in der griechischen, lateinischen, indischen und chinesischen Literatur und zahlreiche archäologische Funde vom Atlantik bis zum Pazifik umfassen, weisen auf ein Niveau des internationalen Handels hin, das erst im späten Mittelalter wieder erreicht wurde. In Zentralasien sorgte die Ausdehnung der Han-Autorität in das Tarim-Becken und die Konsolidierung des Kuschan-Reiches für die Sicherheit der Karawanen, die sich entlang der Routen bewegten, die man als Seidenstraßen bezeichnet. Während über die frühe Geschichte der Seidenstraßen wenig bekannt ist, zeigt der sogenannte Begram-Schatz, der in Afghanistan entdeckt wurde – möglicherweise der Inhalt eines königlichen Kuschan-Lagers –, mit seiner Kombination aus römischen Glas- und Bronzewaren, indischen Elfenbein- und chinesischen Lackarbeiten die vielfältigen Quellen der von den Seidenstraßen-Karawanen transportierten Waren. Großer Reichtum war im Karawanenhandel zwischen Ost und West zu gewinnen, aber Individuen wie ein römischer Kaufmann namens Maes Titianus, dessen Agenten die gesamte Route vom Mittelmeer bis nach China bereisten, waren selten. Stattdessen fielen die

Gewinne an die Mittelsmänner, welche die Etappen entlang der von den Karawanen durchquerten Routen kontrollierten: Sogdier in Zentralasien, Parther und Palmyrener in Syrien.

Während der Handel auf den Seidenstraßen die meiste Aufmerksamkeit auf sich gezogen hat, war das Seehandelsnetz, das Ägypten und das Mittelmeer mit Ostafrika, Arabien und Südasien über das Rote Meer und den Indischen Ozean verband, von größerem Ausmaß. Das Wissen um die Regelmäßigkeit der Monsunwinde im Indischen Ozean hatte Ägypten in der späten hellenistischen Periode erreicht. Kombiniert mit der Einführung von stark gebauten Schiffen, die den stürmischen Winden widerstehen und gleichzeitig große Ladungen transportieren konnten, wurde erstmals die regelmäßige Nutzung des direkten Seewegs von Ägypten nach Indien möglich.

Gleichzeitig schuf die römische Einigung des Mittelmeerraums einen starken westlichen Markt für östliche Waren wie chinesische Seide, Perlen, Gewürze und insbesondere schwarzen Pfeffer aus Südwestindien, der schnell zu einem wichtigen Element der römischen Küche wurde. Währenddessen verwendeten die Buddhisten in Südasien zunehmend chinesische Seide für Fahnen und fertigten Weihegaben an, die aus den sogenannten sieben Juwelen bestanden – Gold, Silber, Lapislazuli, Muscheln, Achat, Perlen und Karneol, von denen einige westlichen Ursprungs waren. Das Ergebnis war die Schaffung einer kontinentweiten Nachfrage, welche die Expansion des Handels im Indischen Ozean vorantrieb.

Den Charakter und das Ausmaß dieses Handels hat man lange Zeit missverstanden, vor allem weil moralisierende römische Schriftsteller ihn als verschwenderischen Handel mit nutzlosen Luxusgütern wie Seide behandelten, deren einziger Zweck laut dem römischen Enzyklopädisten Plinius dem Älteren darin bestand, …

> … dass Matronen in der Öffentlichkeit durchscheinend wirken.
>
> Plinius, *Naturkunde* 6,54, übers. Brodersen 1996, 47

Infolgedessen wurde der antike Asienhandel als kleiner, einseitiger Tausch von orientalischen Exotika wie Seide und Gewürzen gegen römische Silber- und Goldwährung betrachtet. Tatsächlich aber waren Weihrauch und Gewürze für die römische Kultur unverzichtbar und die auf den Handel erhobenen Importsteuern stellten eine wichtige Einnahmequelle für die römische Regierung dar. Die Realität offenbart der anonyme *Periplus Maris Erythraei*, ein Leitfaden für die Segel- und Handelsbedingungen im Indischen Ozean, der in der Mitte des 1. Jahrhunderts n. Chr. von einem griechisch-ägyptischen Kaufmann verfasst wurde und einen ganz anderen Handel schildert – einen, in dem eine Vielzahl von Waren in beide Richtungen als Reaktion auf Veränderungen der Nachfrage bewegt wurden. Eine aufschlussreiche Momentaufnahme des realen Charakters des Handels liefert die Beschreibung des *Periplus* von Waren, die in Barygaza, dem heutigen Bharuch, dem wichtigsten Hafen im Nordwesten Indiens, ein- und ausgeführt wurden:

> Eingeführt werden in diesen Handelsplatz Wein, hauptsächlich aus Italien, Laodikeia und Arabien, Kupfer, Zinn und Blei, Koralle und Chrysolith, alle Arten von Kleidung, schlicht oder aus bedrucktem Stoff, ellenlange bunte Gürtel, Storax, gelber Süßklee (?), rohes Glas, Sandarach, Spießglas, Denare (römische Münzen), Gold und Silber, das mit einigem Gewinn gegen die lokale Währung getauscht werden kann, Salbe, billig und in begrenzter Menge. Für den König wurden in jener Zeit kostbares Tafelsilber, Sklavenmusiker, schöne Mädchen für das Konkubinat, ausgezeichneter Wein, teure Kleidung, schlicht, und erlesene Salbe eingeführt. Ausgeführt werden aus dieser Gegend Narde, Kostwurz, Bedolachharz, Elfenbein, Onyx, Myrrhe, *lykion*, Leinwand aller Art, serisches (chinesisches, also seidenes) Tuch, Malvenfaser-Tuch, Garn, langer Pfeffer und Waren, die aus den (nahe gelegenen) Handelsplätzen hierhergebracht wurden.
>
> *Periplus Maris Erythraei* 49, übers. Brodersen 2021, 71

Die Globalisierung erweiterte auch das Netzwerk der Kontakte zwischen den Völkern. Während die Römer glaubten, Indien sei die Quelle der meisten exotischen Waren, die sie begehrten, war die Realität eine andere. Indische Kaufleute dienten tatsächlich als Zwischenhändler für viele Waren, deren tatsächlicher Ursprung weiter östlich lag. Sie suchten zum Beispiel in China nach Seide und in Indonesien nach Gewürzen wie Zimt, den die Römer für medizinische Zwecke schätzten, und bereiteten so ganz nebenbei den Weg für die Verbreitung der indischen Religion und Kunst in Südostasien im späten 1. Jahrtausend n. Chr.

Ein ähnlicher Prozess fand im Westen statt. Dort rottete die Nachfrage nach afrikanischen Produkten wie Gold, Sklaven und vor allem wilden Tieren für die römischen Spiele – Kaiser Trajan ließ beispielsweise 107 n. Chr. zur Feier der Eroberung von Dakien (etwa dem heutigen Rumänien) 11 000 Tiere abschlachten – den größten Teil der Megafauna Nordafrikas aus und zwang die Römer, ihre Suche nach Tieren für die Arena ins Innere Afrikas auszudehnen. Das Ergebnis war der Beginn der Integration des subsaharischen Afrikas in das afro-eurasische globale Netzwerk.

Frühe griechische und römische Berichte über das Innere Afrikas sind aus verständlichen Gründen eine verwirrende Mischung aus Fakten und Fiktion. Durch das Austrocknen der Sahara mehr als zwei Jahrtausende lang vom Mittelmeerraum isoliert, war das subsaharische Afrika für die Völker der afro-eurasischen Zivilisationen eine praktisch neue Welt, fast so fremd, wie es die Amerikas für die Europäer des 16. Jahrhunderts sein sollte. Wie im Falle der Amerikas beschrieben griechische und römische Schriftsteller die Bewohner des afrikanischen Landesinneren als seltsame Völker wie die kopflosen Blemmyer, deren Augen sich in ihrer Brust befanden, und die Skiapoden, die sich mit einem übergroßen Fuß Schatten spenden konnten. In Wirklichkeit jedoch bedeckte in den ersten Jahrhunderten n. Chr. eine Vielzahl komplexer Gesellschaften, die von autonomen Dörfern bis hin zu großen Staaten reichten, einen Großteil des zentralen und südlichen Afrikas – ein Gebiet, das größer als Westeuropa war, dank einer der großen Bevölkerungsbewegungen der Weltgeschichte, der Bantu-Expansion.

Diese war ein allmählicher Prozess, der sich über mehrere Jahrtausende hinzog. Während dieser Zeit breiteten sich Gruppen, die Proto-Bantu sprachen, von ihrer Heimat in Kamerun und Nigeria nach Sü-

Abb. 19: Die umfassendste Darstellung des Handels mit exotischen Tieren im Römischen Reich ist das 70 m lange Mosaik der Großen Jagd in der Piazza Armerina, einer aufwendigen Villa in Südsizilien, die im frühen 4. Jahrhundert n. Chr. erbaut wurde. Hier wird ein afrikanischer Elefant auf ein Schiff verladen, während Jäger ein Kamel und einen Tiger zusammentreiben. Diese verschiedenen Arten weisen auf die große Reichweite des Handels hin, der sich von Nordafrika bis Südasien erstreckte.

den und Osten aus und absorbierten auf dem Weg dorthin Jagd und Ackerbau treibende Bevölkerungen. In diesem Prozess lernten die Gruppen, die Bantu sprachen, von den Völkern, auf die sie in Zentral- und Ostafrika trafen, wie man Getreide anbaut und Eisen verwendet. Die Bevölkerung wuchs, die Gesellschaft wurde komplexer und der Handel weitete sich aus, um die wachsende Nachfrage nach Eisen und anderen Produkten zu befriedigen, was zur Entstehung von Handels- und Produktionsstätten führte, in denen Waren aus verschiedenen ökologischen Zonen ausgetauscht und auf dem Wasserweg transportiert werden konnten.

Diese Prozesse waren in Westafrika am intensivsten, wo bereits im späten 1. Jahrtausend v. Chr. frühe Staaten entstanden waren. Der bekannteste dieser frühen Staaten ist die Nok-Kultur im heutigen Nigeria. Sie ist berühmt für die bemerkenswerten Terrakotta-Figuren, die 1928 von Zinnbergleuten entdeckt wurden und die wahrscheinlich für die Weihe in Heiligtümern bestimmt waren. Ihre Schöpfer waren ein Rätsel, bis weitere archäologische Entdeckungen zeigten, dass die Nok-Kultur von eisenverarbeitenden Bauern über einen Zeitraum von sieben Jahrhunderten von etwa 500 v. Chr. bis etwa 200 n. Chr. getragen wurde.

Noch bemerkenswerter waren die Entwicklungen im Binnendelta des Niger-Flusses in Mali, wo die ersten Städte im subsaharischen Afrika entstanden. Die frühe Urbanisierung ist am besten an der Stätte von Djenné-Djeno dokumentiert. Gegründet als Dorf um 200 v. Chr. in einem fruchtbaren Gebiet, das vom Niger-Fluss bewässert wurde, wuchs Djenné-Djeno, bis es im späten 1. Jahrtausend n. Chr. eine ummauerte Stadt mit einer Ausdehnung von ca. 33 Hektar war, umgeben von einer Ansammlung von Dörfern, von denen sich jedes auf ein bestimmtes Handwerk wie etwa die Eisenverarbeitung spezialisiert zu haben scheint.

Das Geheimnis des Wohlstands von Djenné-Djeno war seine Lage, die einen einfachen Zugang zu den Salz- und Mineralienvorkommen der Sahara im Norden und zu den tierischen und pflanzlichen Produkten und schließlich dem Gold der Waldzone im Süden ermöglichte und die Stadt zum Zentrum eines regionalen Handelsnetzes machte, das einen Großteil des Nigerbeckens und seines Hinterlandes umfasste.

Es war der Wunsch, afrikanische Waren zu erwerben, der im 1. Jahrhundert n. Chr. zum Ende der Isolation des subsaharischen Afrikas vom übrigen Afro-Eurasien führte. Während die karthagischen Versuche, das subsaharische Afrika über den Atlantik zu erreichen, scheiterten, machten die jahrtausendealten, seewärtigen Handelsnetze des Indischen Ozeans den Kontakt fast unausweichlich. In der Tat deuten archäologische Belege für den Anbau von Bananen, einer in Südostasien beheimateten Frucht, in Westafrika bereits um 500 v. Chr. darauf hin, dass Gruppen, die austronesische Sprachen nutzen, aus Südostasien zu diesem Zeitpunkt bereits Ostafrika besuchten.

Die vollständige Integration der ostafrikanischen Küste in das Handelsnetz des Indischen Ozeans musste jedoch auf die Ausweitung des Handels zwischen dem Mittelmeer und Südasien im 1. und 2. Jahrhundert n. Chr. warten. Bereits in der Mitte des 1. Jahrhunderts n. Chr. besuchten arabische Händler unter dem Schutz des Königreichs Himyar im Jemen Tansania, verbanden sich mit der lokalen Bevölkerung und handelten mit den Häuptlingstümern an der Küste, die Metallwaren aller Art herstellten, Wein und Getreide gegen Elfenbein, Rhinozeroshorn, hochwertiges Schildpatt und Sklaven.

Es überrascht nicht, dass die Integration Ostafrikas in das Handelsnetz des Indischen Ozeans auch die politischen Beziehungen in Nordostafrika veränderte. Das Niltal war seit mindestens dem 3. Jahrtausend v. Chr. die Hauptroute, über die Waren aus dem afrikanischen Hinterland nach Ägypten und zum Mittelmeer gelangten. Die starke Zunahme der Schifffahrt auf dem Roten Meer und dem Indischen Ozean bot jedoch eine bequemere Route für diese Waren, und die Geographie diktierte, dass nicht das landumschlossene Königreich von Kusch, sondern das günstiger gelegene Reich von Aksum im Hochland des heutigen Äthiopiens davon profitieren würde.

Im Gegensatz zu Kusch war Aksum von recht junger Herkunft. Obwohl südarabische Kolonisten im frühen 1. Jahrtausend v. Chr. eine Reihe von kleinen Königreichen im heutigen Eritrea und Äthi-

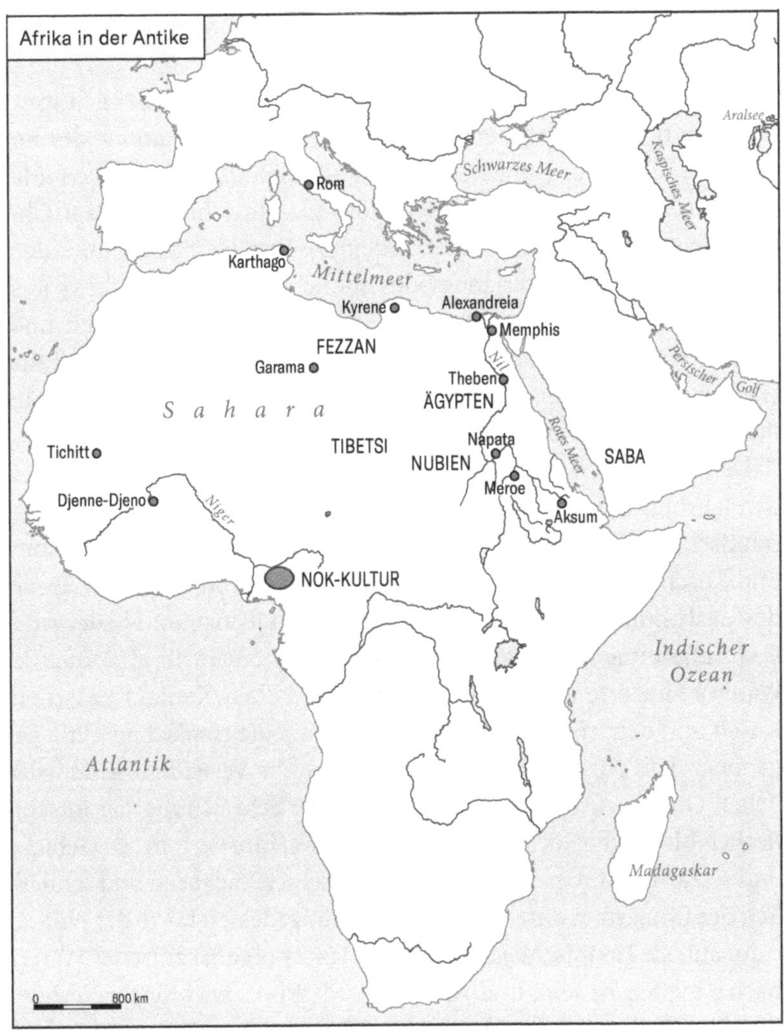

opien gegründet hatten, erlangte Aksum erst im späten 1. Jahrhundert v. Chr. an Bedeutung, als es die Hauptstadt des Königreichs der Habasha oder Abessinier wurde. Auf der äthiopischen Hochebene gelegen, mit leichtem Zugang zum oberen Niltal und seinem Hinterland im Westen und zum Roten Meer im Osten, profitierte Aksum stark von der Expansion des Handels im Roten Meer und im Indischen Ozean.

In der Mitte des 1. Jahrhunderts n. Chr. war Aksum das wichtigste Zentrum für den Export von Waren aus den Küstenregionen des Roten Meeres und der Umgebung in das Mittelmeer, nach Arabien und Südasien. Die aksumitischen Könige des 2. und 3. Jahrhunderts n. Chr. förderten diesen Handel weiter, indem sie ihre Herrschaft über den größten Teil des Hinterlandes des südlichen Rotmeerbeckens ausdehnten und eine Karawanenroute nach Ägypten errichteten und unterhielten, die den Nilkorridor vollständig umging und damit die Herrschaft Aksums als Hauptlieferant nordostafrikanischer Waren in das Mittelmeerbecken bestätigte.

Dennoch waren das späte 1. Jahrhundert v. Chr. und die ersten beiden Jahrhunderte n. Chr. in vielerlei Hinsicht der Höhepunkt der kuschitischen Geschichte. Die friedlichen Beziehungen zwischen Rom und Kusch führten zu einem nie dagewesenen Wohlstand. Am Ende des 3. Jahrhunderts n. Chr. befand sich Kusch jedoch im Niedergang. Das Aufkommen von Aksum als Roms Hauptquelle für afrikanische Waren reduzierte allmählich den diplomatischen Kontakt zwischen Kusch und dem römischen Ägypten, da sich die römische Politik gegenüber dem oberen Niltal zunehmend auf die Verteidigung der südlichen Grenze Ägyptens konzentrierte. Die Schwächung der kuschitischen Monarchie lockerte ihren Einfluss auf ihre peripheren Gebiete und setzte das Königreich den Angriffen seiner Nachbarn und schließlich der Eroberung durch Aksum aus. Infolgedessen hörte der Nilkorridor auf, die Hauptschlagader für den Transport afrikanischer Waren nach Ägypten zu sein, und Aksum wurde Roms wichtigster Verbündeter in Afrika und der Hauptvermittler zwischen Indien und dem Mittelmeerraum im Handel mit dem Indischen Ozean.

Im Gegensatz zur Situation in Ostafrika ist über die frühe Geschichte des Transsaharahandels wenig bekannt. Die Waren des Handels – Gold und Sklaven aus der Subsahara im Tausch gegen Salz und Kupfer aus den Gebieten nördlich der Sahara – hinterlassen keine archäologischen Spuren, so dass Gelehrte ihn auf das späte 1. Jahrtausend n. Chr. datieren, als er erstmals in arabischen Quellen erwähnt wird. Die Entdeckung von Metallwaren aus dem römischen Nordafrika bei Kissi in Burkina Faso (Magnavita 2009) in Kombination mit Funden im Gebiet des Königreichs der Garamanten im Fezzan deuten jedoch darauf hin, dass der Transsaharahandel bereits in den ersten Jahrhunderten n. Chr. begonnen hatte.

In griechischen und römischen Texten aus dem 5. Jahrhundert v. Chr. bis in die Spätantike finden sich zahlreiche Hinweise auf die Garamanten. Diese deuten darauf hin, dass die Garamanten bereits im 5. Jahrhundert v. Chr. einen Staat entwickelt hatten und die afrikanische Bevölkerung südlich der Sahara für Sklaven ausplünderten, und dass im 1. Jahrhundert n. Chr. die Autorität ihrer Könige tief in die Sahara reichte, vielleicht sogar bis in die Sahelzone. Darüber hinaus deuten Ausgrabungen in der garamantischen Hauptstadt Garama darauf hin, dass das garamantische Königreich in den ersten drei Jahrhunderten n. Chr. ein großes Territorium besetzte, die libysche Schrift benutzte, ein massives, auf Bewässerung beruhendes landwirtschaftliches System unterhielt und große Mengen an Luxusgütern aus dem römischen Nordafrika importierte, wahrscheinlich im Austausch gegen Halbedelsteine, Sklaven und wilde Tiere für die römischen Spiele. Die Größe und der Reichtum des garamantischen Königreichs, kombiniert mit der Lage der garamantischen Befestigungen und Wachtürme an den später bekannten Karawanenrouten in Richtung Niger-Biegung und Sahel, deuten stark darauf hin, dass dieser Handel bereits in den ersten Jahrhunderten n. Chr. begonnen hatte.

Mit der Zunahme des interkontinentalen Handels ging zwangsläufig auch ein verstärkter Kontakt zwischen den Staaten vom Atlantik bis zum Pazifik einher. Schon zu Beginn der Periode rühmte sich der römische Kaiser Augustus, Botschaften aus Indien zu empfangen und seinen Schutz auf Herrscher von Britannien bis zum Iran auszudehnen. Weiter östlich in Zentralasien führten die Kuschan-Kaiser unter ihren Titeln den indischen Maharadscha oder Großkönig, den chinesischen Sohn des Himmels, den parthischen König der Könige und den römischen Caesar, was die kontinentweiten diplomatischen und kommerziellen Kontakte des Reiches widerspiegelte. Bemühungen, einen direkten Kontakt zwischen Rom und China herzustellen, um die parthischen Zwischenhändler im Seidenhandel auszuschließen, scheiterten jedoch. Der erste Versuch fand 97 n. Chr. statt, als eine Gesandtschaft, die von Ban Chao, dem Bruder des Historikers Ban Gu und Han-Gouverneur des Tarim-Beckens, nach Rom geschickt wurde, aber wegen übertriebener Informationen, die sie von den Parthern über die Schwierigkeiten der Reise erhalten hatte, umkehrte, bevor sie ihr Ziel erreichte. 166 n. Chr. erreichte eine vom römischen Kaiser Marcus Aurelius gesandte Gesandtschaft die spätere Han-Hauptstadt Luoyang, konnte aber nicht den angestrebten Handelsvertrag nicht abschließen (Hill 2015, I 27).

Obwohl der Versuch, diplomatische Beziehungen zwischen Rom und Han-China zu etablieren, letztendlich scheiterte, revolutionierte das Wissen, das von den Händlern, die tatsächlich im Handel auf den Seidenstraßen und im Indischen Ozean tätig waren, gewonnen wurde, die Geographie in beiden Reichen. So fasste der alexandrinische Gelehrte Claudius Ptolemaios aus dem 2. Jahrhundert n. Chr. das römische Wissen über Afro-Eurasien in seiner *Geographie* zusammen, einem Werk, das die wichtigsten Etappen der Karawanenroute nach China sowie Berichte über Süd- und Südostasien und die ostafrikanische Küste bis nach Sansibar enthielt und bis ins 16. Jahrhundert n. Chr. als Grundlage der westlichen und islamischen Geographie diente. Zur gleichen Zeit, um 125 n. Chr., verfasste der chinesische Gelehrte Ban Yong, ein weiteres Mitglied der Ban-Familie, zu der auch sein Vater Ban Chao und sein Onkel Ban Gu gehörten, für den Han Andi (Han-Kaiser An) die *Abhandlung über die westlichen Regionen*. Dies war ein Bericht über die verschiedenen Völker von Zentralasien bis zum östlichen Mittelmeer, der bis zum 5. Jahrhundert n. Chr. maßgebend blieb, als er in das *Hou Hanshu*, die offizielle Geschichte der späteren Han-Dynastie, aufgenommen wurde.

Die Anschlussfähigkeit, welche die ersten Jahrhunderte n. Chr. geprägt hatte, nahm jedoch im 3. Jahrhundert n. Chr. stark ab. Die Gründe dafür sind komplex, aber einer sticht hervor: das abrupte Ende der politischen und natürlichen Bedingungen, welche der Globalisierung der vorhergehenden Jahrhunderte die notwendige Sicherheit geboten hatte. Wie in anderen Perioden der Globalisierung brachte die zunehmende Interaktion zwischen zuvor isolierten Völkern, die keine Immunität gegen neue Krankheiten besaßen, freilich auch eine Anfälligkeit für Pandemien wie eine Pest – wahrscheinlich die Pocken – mit sich, deren Auswirkungen von China bis Rom zu spüren waren. Besonders schwerwiegend war die Epidemie im Westen, wo die Pest Mitte der 160er-Jahre n. Chr. mit der Rückkehr eines Heeres aus Parthien in das Römische Reich eindrang und bis zur Mitte des 3. Jahrhunderts n. Chr. in unregelmäßigen Abständen wiederkehrte.

Es fehlen Quellen über den Schweregrad der Pest, die mit denen der mittelalterlichen Beulenpest vergleichbar wären. Chinesische Berichte über die Pest, der Bericht des römischen Historikers Cassius Dio (72,14,3–4), dass in Rom auf dem Höhepunkt der Epidemie täglich 2000 Menschen starben, und bekannte Sterblichkeitsraten von späteren Pockenausbrüchen deuten jedoch darauf hin, dass die Epidemie letztlich bis zu 6 Millionen Menschen oder etwa ein Zehntel der Bevölkerung des Römischen Reiches und eine ungezählte Anzahl von Menschen jenseits der Grenzen dahinraffte und viele der betroffenen Gebiete entvölkert zurückließ, insbesondere die Gebiete entlang der nördlichen und westlichen Grenzen des Reiches. Wie ihre Han-Zeitgenossen versuchten die Römer, solche Gebiete wieder zu bevölkern, indem sie dort Stammesvölker – in ihrem Fall Germanen – von jenseits der Grenze ansiedelten, eine Politik, die wahrscheinlich zweckmäßig erschien, aber in beiden Fällen langfristig zum Verlust der kaiserlichen Kontrolle über die Grenzgebiete führte.

Obwohl die Ergebnisse der neuen Grenzpolitik erst nach Jahrhunderten sichtbar wurden, war die Pest selbst eine unvorhergesehene Folge einer grundlegenden Veränderung im politischen Umfeld Afro-Eurasiens, die dessen Geschichte bis zu den arabischen Eroberungen des 7. Jahrhunderts n. Chr. bestimmte: der Zusammenbruch der parthischen Siedlung des Augustus im frühen 2. Jahrhundert n. Chr. Der Vorwand für die Erneuerung des Krieges zwischen Rom und Parthien war der Versuch Parthiens, einen pro-parthischen König in Armenien zu installieren. Die römische Antwort war zunächst erfolgreicher, als der Kaiser Trajan sich hätte vorstellen können. Für einen kurzen Moment im Jahr 116 n. Chr. erreichte die römische Macht den

Persischen Golf, und das Ziel, Parthien zu annektieren, das die Römer seit der katastrophalen Niederlage von Marcus Crassus im Jahr 54 v. Chr. quälte, schien in Reichweite. Am Ende erwies es sich jedoch als jenseits von Roms Macht, seine Eroberungen in Mesopotamien zu behalten, aber die Spannungen mit Parthien hielten das ganze Jahrhundert über an, mit neuen Ausbrüchen von Feindseligkeiten in den 160er-Jahren und den späten 190er-Jahren n. Chr. Parthien überlebte zwar die römischen Angriffe, aber der kumulative Effekt eines Jahrhunderts der Spannungen und Kriege schwächte das Königreich und machte es anfällig für wiederholte Rebellionen, die 224 n. Chr. ihren Höhepunkt erreichten, als ein gewisser Ardaschir, ein Mitglied einer Familie erblicher zoroastrischer Feuerpriester in der Provinz Persis, Artabanos IV., den letzten parthischen König, stürzte und ein neues Persisches Reich gründete, das als das Sasanidische (oder auch Sassanidische) Reich bekannt ist.

Manchmal wiederholt sich die Geschichte tatsächlich. Wie Kyros II. und Kambyses, die Gründer des ersten Persischen Reiches sieben Jahrhunderte zuvor, verwandelten Ardaschir und sein Sohn Schapur I. das geschwächte parthische Königreich in einem knappen halben Jahrhundert in eine Supermacht, die sich von Mesopotamien im Westen bis nach Nordwestindien im Osten erstreckte und dabei das Kuschan-Reich um den Großteil seiner Territorien brachte. Am stärksten betroffen von der plötzlichen Entstehung eines mächtigen neuen Persischen Reiches war jedoch Rom. Drei erfolglose römische Versuche, die sasanidische Expansion westwärts nach Syrien abzuwehren, endeten 235, 244 und 260 n. Chr. katastrophal. Der römische Kaiser Valerian wurde gefangen genommen und nach Persien gebracht, wo sein ausgestopfter Körper später schockierten römischen Botschaftern gezeigt wurde. Antiochia – die drittgrößte Stadt des Reiches – wurde geplündert und seine qualifizierten Handwerker wurden nach Persien deportiert, um für Schapur I. zu arbeiten. Nur eine rechtzeitige Niederlage, die den persischen Truppen von Odenath, dem Herrscher von Palmyra, zugefügt wurde, verhinderte den vollständigen Zusammenbruch von Roms Ostgrenze.

Abb. 20: Ein Relief, das den sasanidisch-persischen Kaiser Schapur I. darstellt, der die Kapitulation des römischen Kaisers Valerian im Jahr 260 n. Chr. annimmt. Die Wahl von Naqsch-e Rostam, dem Ort der Gräber der alten Könige von Persien, für diese künstlerische Feier von Schapurs Sieg über Rom spiegelt den Anspruch der sasanidischen Könige wider, die Nachfolger der alten Könige von Persien zu sein.

Die Auswirkungen des unerwarteten Auftretens einer neuen Supermacht an Roms Ostgrenze und die unzureichende Reaktion auf die neue Bedrohung beeinträchtigten das Imperium für den Rest des 3. Jahrhunderts n. Chr. Das offensichtlichste Ergebnis war eine noch nie dagewesene politische Instabilität: Während des halben Jahrhunderts zwischen 235 und 284 n. Chr. gab es 22 römische Kaiser. Grundlegender war jedoch die Veränderung des Lebens im freien Germanien, da die Schwächung der westlichen Grenzverteidigung Roms durch die Verlegung von Truppen in den Osten, um der neuen persischen Bedrohung zu begegnen, oder ihre Verwicklung in Bürgerkriege um die Nachfolge auf dem Kaiserthron den germanischen Stämmen die Möglichkeit bot, neue Gebiete zu erobern und Reichtum zu erwerben, indem sie das Reich und seine Verbündeten plünderten.

Infolgedessen wanderten ganze germanische Stämme von ihrer Heimat im heutigen Polen nach Südosten in die Steppen nördlich des Schwarzen Meeres, wo sie sich zu dem mächtigen Stammesbündnis organisierten, das die Römer später als Goten bezeichneten; am wichtigsten war, dass sie über genügend militärische Macht verfügten, um die geschwächten Grenzgarnisonen herauszufordern. Vergleichbare Entwicklungen fanden weiter westlich entlang der Rhein- und Donaugrenzen statt, wo ähnliche Konföderationen, bekannt als die Alamannen und die Franken, viele der kleinen germanischen Stämme absorbierten, die von Tacitus im späten 1. Jahrhundert n. Chr. beschrieben wurden. Von Gallien bis zur Ägäis überfielen und plünderten die Truppen der neuen germanischen Bünde Städte und machten dabei Jahrhunderte der städtischen Entwicklung zunichte.

Auf dem Höhepunkt der Krise in den 260er und frühen 270er-Jahren n. Chr. herrschte der römische Kaiser über kaum mehr als Italien, Nordafrika und den Balkan. Im Westen hatten sich die Provinzen Spanien, Gallien und Britannien abgespalten und bildeten ein separates Reich im römischen Stil, während im Osten Zenobia, die Königin von Palmyra, die behauptete, eine Nachfahrin der großen Kleopatra zu sein, die Kontrolle über Roms Provinzen von Anatolien bis Ägypten übernommen hatte. Das Überleben des Imperiums muss fraglich erschienen sein, so dass seine fast vollständige Wiederherstellung in wenig mehr als einem Jahrzehnt die Zeitgenossen in Erstaunen versetzt haben muss; diese Transformation wurde durch eine bemerkenswerte Reihe von Soldatenkaisern herbeigeführt, die mit dem Amtsantritt von Aurelian im Jahr 270 n. Chr. begann und mit dem von Diokletian im Jahr 284 n. Chr. endete.

Der Schein trog jedoch. Obwohl die territoriale Integrität des Reiches mit nur geringen Verlusten wiederhergestellt wurde – der bemerkenswerteste davon war Dakien, das heutige Rumänien, das Aurelian nach etwas mehr als anderthalb Jahrhunderten römischer Herrschaft aufgab –, war die republikanische Fassade, die Augustus so sorgfältig aufgebaut hatte, verschwunden und das wiederhergestellte Reich ähnelte in vielerlei Hinsicht seinen östlichen Zeitgenossen, dem Sasanidischen und dem Chinesischen Reich. Der Kaiser war nicht mehr *princeps*, erster Bürger, sondern ein sakraler Monarch, der in einem heiligen Palast residierte, umgeben von Eunuchen und durch ein ausgeklügeltes Protokoll von seinen Untertanen getrennt, und der behauptete, das Bindeglied zwischen den Göttern und den Menschen zu sein. Die Bürokratie wurde stark ausgebaut, um die reorganisierte Regierung zu unterstützen, während die Armee viele lokale Regierungsfunktionen übernahm, die von der städtischen Oberschicht wahrgenommen worden waren, bevor diese im Chaos des 3. Jahrhunderts n. Chr. dezimiert wurde. Nicht einmal eine so konservative Institution wie die römische Armee war immun gegen Veränderungen, denn die schweren gepanzerten Reiterei-Einheiten im persischen Stil, die als Kataphrakten bekannt waren und aus Söldnern bestanden, die bei Iranisch sprechenden Nomaden, den Sarmaten, rekrutiert wurden, vervielfachten sich, um der sasanidischen Bedrohung zu begegnen.

Diese Veränderungen waren nicht geplant, sondern entwickelten sich stückweise im Laufe des Überlebenskampfes des Reiches, bis sie schließlich von Kaiser Diokletian während seiner zwei Jahrzehnte dauernden Herrschaft von 284 bis 305 n. Chr. konsolidiert und systematisiert wurden. Diokletian war auch für eine Veränderung in der Organisation des Reiches verantwortlich, die den Verlauf seiner zukünftigen Geschichte bestimmte. Konfrontiert mit ernsthaften und anhaltenden Bedrohungen sowohl an den östlichen als auch an den westlichen Grenzen, teilte Diokletian das Reich administrativ auf:

> Drei andere beteiligte er an seiner Gewaltherrschaft; dazu wurden die Welt gevierteilt und die Heere vervielfacht, weil jeder einzelne von ihnen bestrebt war, Soldaten in weitaus größerer Zahl zu haben, als die früheren Kaiser gehabt hatten, während sie allein den Staat leiteten.
>
> Laktanz, *Todesarten der Christenverfolger* 7,2, übers. Städele 2003, 105

Die vier von Laktanz (Lactantius) erwähnten Mitkaiser waren jedoch nicht gleichberechtigt, da das System als Ganzes von zwei Oberkaisern oder Augusti beaufsichtigt wurde, einer für die lateinischsprachige westliche Hälfte des Reiches und einer für die bevölkerungsreichere und wohlhabendere griechischsprachige östliche Hälfte. Es überrascht nicht, dass Diokletian sich selbst die letztere Position zuwies.

Diokletians Aufteilung des Reiches in zwei Hälften überlebte und wurde zur Norm während der verbleibenden zwei Jahrhunderte seiner Existenz. Obwohl eine verständliche Reaktion auf die unmittelbaren militärischen Probleme des Reiches, benachteiligte die Teilung des Reiches die westlichen Kaiser ernsthaft, die längere und exponiertere Grenzen mit weniger Ressourcen verteidigen mussten als ihre östlichen Co-Herrscher. Ein noch weiter reichender Langzeiteffekt war die Verstärkung der kulturellen Unterschiede zwischen den beiden Reichshälften, so dass im 5. Jahrhundert n. Chr. selbst ein gebildeter Intellektueller, der in der westlichen Hälfte des Römischen Reiches lebte, wie der heilige Augustinus, nicht mehr über die Kenntnisse des Griechischen oder der griechischen Literatur verfügte, die unter gebildeten Römern der späten Republik oder der frühen Kaiserzeit wie Caesar oder dem Dichter Vergil üblich gewesen waren.

Die Auswirkungen der sasanidischen Eroberung des Partherund Kuschan-Reiches waren auch in Südasien zu spüren. Mit dem Verschwinden des stabilisierenden Einflusses, den das Kuschan-Reich ausgeübt hatte, zersplitterte Indien in mehrere Kleinkönigreiche, die sich ständig im Krieg miteinander befanden, in der Hoffnung, Teile des untergegangenen Kuschan-Reiches zu besetzen. Wie viele Königreiche daran beteiligt waren, ist nicht bekannt, aber die Behauptung von Chandragupta I., allein 14 Könige in Südindien überwunden zu haben, gibt eine klare Vorstellung vom Ausmaß der Zersplitterung, die bestand, bevor die Gründung des Gupta-Reiches in den 320er-Jahren n. Chr. die Stabilität in Nord- und Zentralindien wiederherstellte.

Obwohl die Thronbesteigung von Chandragupta I., der den Brahmanismus favorisierte, das Ende der kaiserlichen Schirmherrschaft markierte, die der Buddhismus im Kuschan-Reich genossen hatte, setzten sich die kulturellen Trends der Kuschan-Ära nach dem Fall des Reiches fort, wie die Verbreitung der Kunst im Gandhara-Stil in ganz Zentral- und Ostasien, der Bau zahlreicher Stupas und anderer buddhistischer Monumente in Indien und der blühende Zustand der buddhistischen Gelehrsamkeit zeigen. Dies sollte chinesische buddhistische Mönche wie Faxian anziehen, der im frühen

5. Jahrhundert n. Chr. nach Indien reiste und 13 Jahre lang buddhistische heilige Stätten besuchte und genaue Abschriften buddhistischer Texte sammelte.

Die Globalisierung, selbst die begrenzte Globalisierung der ersten beiden Jahrhunderte n. Chr., bedeutete, dass auch China von den Ereignissen weiter westlich nicht unbeeinflusst blieb. Ban Yongs detaillierte Berichte über Staaten von Zentralasien bis zum Mittelmeer und Berichte über Besuche von Gesandtschaften aus diesen Staaten in China vom ersten bis zum 3. Jahrhundert n. Chr. sind ein klarer Beleg für Chinas wachsende Beteiligung an den Angelegenheiten in Afro-Eurasien. In der Mitte des 2. Jahrhunderts n. Chr. begann jedoch auch China von der Verschlechterung der Bedingungen jenseits seiner Nordgrenze betroffen zu sein. Wie im zeitgenössischen Rom war das erste Anzeichen von Schwierigkeiten der Ausbruch der Pest in den 160er-Jahren n. Chr. in Chinas Militär, was seine Fähigkeit, die Grenzen zu verteidigen, schwächte. Zur gleichen Zeit berichtete der griechische Reiseschriftsteller Pausanias, dass Seide von einer südlichen Insel kam (Pausanias, *Beschreibung Griechenlands* 6,26,6–9, übers. Meyer / Eckstein 1987, II 143), was auf eine Zunahme des Seetransports von Seide hinweist, da die Unsicherheit in Zentralasien zu einem Rückgang des lukrativen Karawanenhandels führte.

Der Niedergang des Karawanenhandels und der damit verbundenen Einnahmen machte es zunehmend schwieriger, Chinas Position in Zentralasien zu halten, so dass zu der Zeit, als die späte Han-Dynastie im Jahr 220 n. Chr. unterging, Chinas nördliche Grenze zusammengebrochen war und die chinesische Autorität jenseits der Großen Mauer nur noch eine Erinnerung war. Die Ereignisse in China während der folgenden 60 Jahre verliefen auf unheimliche Weise parallel zu denen im zeitgenössischen Rom. Wie der Titel eines der Meisterwerke der chinesischen Literatur, *Die Geschichte der drei Reiche*, andeutet, zerfiel China in drei rivalisierende Staaten, die von Warlord-Familien regiert wurden: Wei im Tal des Huang He (Gelben Flusses), Wu im Tal des Jangtse-Flusses und den südlichen Küstenstädten, und Shu im Südwesten Chinas. Ständige Kriege, deren Auswirkungen durch die Plünderung von Nomadensöldnern, die von den Königreichen angeworben wurden, um die durch die Pest verursachten Verluste an Arbeitskräften zu kompensieren, noch verschlimmert wurden, legten die Landwirtschaft lahm und förderten die Einwanderung nach Süden in die Königreiche Wu und Shu, wodurch der Prozess der kulturellen Integration des Südens in den Hauptstrom der chinesischen Kultur beschleunigt wurde. In der Zwischenzeit scheiterten die Bemühungen, ein Verdienstsystem für administrative Ernennungen einzuführen, was das Monopol der Landaristokratie im Staatsdienst verstärkte, das unter der späteren Han-Dynastie begonnen hatte. Und dann, fast so unerwartet wie im zeitgenössischen Rom, vereinigte die Jin-Dynastie, die von einer Warlord-Familie namens Sima gegründet wurde, China wieder, indem sie zuerst 263 n. Chr. die Kontrolle über Shu, dann zwei Jahre später über Wei und schließlich 280 n. Chr. über Wu übernahm.

Die Krise des 3. Jahrhunderts n. Chr. hatte die Grundlagen der globalen Ordnung vom Atlantik bis zum Pazifik erschüttert. Die Erholung war ungleichmäßig, aber um 300 n. Chr. war das Schlimmste überstanden. Obwohl die Jin-Dynastie kurz nach der Jahrhundertwende zusammenbrach und China fast drei Jahrhunderte lang zersplitterte, bevor es durch die Sui-Dynastie wieder vereinigt wurde, sorgten das Sasaniden- und das Römische Reich für Stabilität von Zentralasien bis zum Mittelmeer und schufen damit den grundlegenden politischen Rahmen, der die Angelegenheiten in Afro-Eurasien bis zu den arabischen Eroberungen des 7. Jahrhunderts n. Chr. regeln sollte. Die erneute Stabilität ermöglichte sogar die Wiederherstellung des Handels zwischen dem Osten und dem Westen, sowohl entlang den Seidenstraßen als auch über den Indischen Ozean und den Persischen Golf und das Rote Meer. Unter der Oberfläche jedoch war die Gesellschaft zu Beginn des 4. Jahrhunderts n. Chr. ganz anders als noch ein Jahrhundert zuvor. Es bildete sich eine neue Gesellschaftsordnung heraus, eine, die von der Landaristokratie dominiert wurde, die Schutzherren der Bauernschaft waren, welche zunehmend an das Land gebunden war, das sie bearbeitete. Regierungen, die trotz ihres autokratischen Anspruchs zu schwach waren, um sich diesen Entwicklungen zu widersetzen, fügten sich und übernahmen die usurpierten Privilegien der Aristokraten in die Gesetze. In China geschah dies durch die Vergabe von Extrapunkten für hohe Geburt in den Ranglisten, die für die Ernennung in Regierungsämter verwendet wurden, und in Rom, indem die Unterscheidung zwischen Aristokraten und Nicht-Aristokraten zur Grundlage von Rechtsprozessen gemacht wurde. Gleichzeitig erodierte die kulturelle Kluft zwischen den neuen römischen und chinesischen Aristokratien und ihren germanischen und zentralasiatischen Feinden allmählich, da sich die militärischen Eliteeinheiten zunehmend aus Söldnern zusammensetzten, die von jenseits der Grenzen der Reiche rekrutiert wurden. Am einflussreichsten in ihren langfristigen Auswirkungen auf die Entwicklung von Kultur und Gesellschaft waren jedoch neue, eng mit dem Staat verbundene Religionen, die auf kanonischen heiligen Büchern beruhten, welche die Lehren inspirierter religiöser Führer bewahrten.

Solche Religionen wurden erstmals im 3. Jahrhundert n. Chr. zu einem zentralen Merkmal des afro-eurasischen Lebens, als der Zoroastrismus dank der Arbeit eines Feuerpriesters namens Kartir zur Staatsreligion des Sasanidischen Reiches wurde. Unterstützt von Schapur I. und seinen unmittelbaren Nachfolgern kodifizierte Kartir den Text des Avesta und errichtete ein ausgedehntes Netzwerk von Priestern und Feuertempeln, das sich über das gesamte Reich erstreckte, während er gleichzeitig staatlich geförderte Verfolgungen potenzieller rivalisierender Religionen wie Judentum, Hinduismus, Buddhismus, Manichäismus und Christentum organisierte.

Religiöse Verfolgung war nicht auf das Sasanidische Reich beschränkt. Auch im Römischen Reich wurden Christen verfolgt, nicht sporadisch wie Perpetua und ihre Freunde zu Beginn des 3. Jahrhunderts n. Chr., sondern systematisch im ganzen Reich, als Kaiser Diokletian versuchte, das Christentum ein für alle Mal auszurotten. Doch etwas mehr als ein Jahrzehnt später würde das Christentum als Staatsreligion des Königreichs Armenien anerkannt werden, und der römische Kaiser Konstantin, der 307 n. Chr. zum Christentum konvertiert war, würde im sogenannten Edikt von Mailand offen seine Unterstützung für die Religion verkünden. Diese Ereignisse markierten das Ende von drei turbulenten Jahrhunderten, in denen das Christentum die Hinrichtung seines Gründers Jesus, die Trennung vom Judentum nach dem großen jüdischen Aufstand von 66 bis 70 n. Chr. und die zunehmend strengere Verfolgung durch die römische Regierung im 3. Jahrhundert n. Chr. überlebt hatte. Zu der Zeit, als Diokletian Anfang 303 n. Chr. die letzte und härteste Verfolgung einleitete, war das Christentum nicht mehr ein obskurer Kult, sondern eine reichsweite Religionsgemeinschaft, die von einem Klerus regiert wurde, dessen Organisation von einfachen Dorfpriestern bis hin zu mächtigen Bischöfen in den großen Städten des Reiches reichte.

Die Ausbreitung des Zoroastrismus und des Christentums war revolutionär. Von Zentralasien bis zum Atlantik endeten die intellektuellen und künstlerischen Kulturen der Antike entweder allmählich oder wurden radikal verändert. Im Sasanidischen Reich schufen zoroastrische Priester eine neue Pahlavi-Literatur, die nicht nur theologische und wissenschaftliche Texte enthielt, die von griechischen und indischen Werken beeinflusst waren, sondern auch Heldensagen, die einige der größten Schriftsteller der mittelalterlichen persischen Literatur beeinflussten. In ähnlicher Weise hatte das Christentum bereits um 300 n. Chr. eine umfangreiche und vielfältige Literatur in griechischer und lateinischer Sprache hervorgebracht, die auf griechische Philosophie und Literatur zurückgriff, um die christliche Lehre gegen ihre Kritiker zu verteidigen. Auf diese Weise ermöglichte es das Überleben eines Großteils der griechischen und lateinischen Literatur bis in die Gegenwart. Dennoch bleibt die Tatsache bestehen, dass nur diejenigen Aspekte der antiken intellektuellen und künstlerischen Kultur überlebten, die mit den neuen Religionen in Einklang gebracht werden konnten. Perpetua wäre mit diesem Ergebnis wahrscheinlich zufrieden gewesen.

Anhang

Zeittafel

1177 v. Chr.	Niederschlagung der Seevölker durch Ramses III.
1069 v. Chr.	Ende des ägyptischen Neuen Reiches
1045 v. Chr.	Sturz der Shang-Dynastie durch die Westlichen Zhou
ca. 800–ca. 580 v. Chr.	Phönizische Kolonisation im Mittelmeerraum
771 v. Chr.	Untergang der Westlichen Zhou-Dynastie
771–256 v. Chr.	Östliche Zhou-Dynastie
ca. 750–ca. 500 v. Chr.	Griechische Kolonisation im Mittelmeerraum und am Schwarzen Meer
747–656 v. Chr.	Ägypten wird von der 25. Dynastie der Kuschiten regiert
745–612 v. Chr.	Das Neuassyrische Reich
722–481 v. Chr.	Zeit der Frühlings- und Herbstannalen in China
695 v. Chr.	Kimmerische Invasion in Anatolien
612 v. Chr.	Meder und Babylonier stürzen das Assyrische Reich
ca. 599–525 v. Chr.	Leben des Mahavira
ca. 563–483 v. Chr.	Leben des Buddha
559–529 v. Chr.	Herrschaft des Kyros II. von Persien
ca. 551–ca. 479 v. Chr.	Leben des Konfuzius
ca. 500 v. Chr.–ca. 200 n. Chr.	Nok-Kultur in Westafrika
ca. 484–ca. 414 v. Chr.	Leben des Herodot
481–221 v. Chr.	Zeit der Streitenden Reiche in China
480–479 v. Chr.	Persische Invasion in Griechenland
431–404 v. Chr.	Peloponnesischer Krieg
399 v. Chr.	Prozess und Hinrichtung von Sokrates
336–323 v. Chr.	Herrschaft Alexanders des Großen

323–281 v. Chr.	Zersplitterung des Alexanderreichs
ca. 321–ca. 297 v. Chr.	Herrschaft des Chandragupta Maurya
312–63 v. Chr.	Seleukidenreich in Asien
304–30 v. Chr.	Ptolemäerreich in Ägypten
ca. 269–ca. 232 v. Chr.	Herrschaft des Ashoka
247 v. Chr.–224 n. Chr.	Aufstieg und Fall von Parthien
264–146 v. Chr.	Die Punischen Kriege
221–206 v. Chr.	Vereinigung Chinas unter der Qin-Dynastie
200–30 v. Chr.	Römische Eroberung des östlichen Mittelmeerraums
202 v. Chr.–9 n. Chr.	Westliche Han-Dynastie
184 v. Chr.	Gründung der Shunga-Dynastie in Indien
175–161 v. Chr.	Xiongnu besiegen und vertreiben Yuezhi in Richtung Zentralasien
ca. 145–86 v. Chr.	Leben des Sima Qian
128 v. Chr.	Zhang Qian berichtet über die Zustände in Baktrien
58–51 v. Chr.	Römische Eroberung von Gallien
ca. 45–ca. 260 n. Chr.	Aufstieg und Fall des Kuschan-Reiches
30 v. Chr.–14 n. Chr.	Herrschaft des Augustus
9 n. Chr.	Rom zieht sich aus Germanien zurück
25–200 n. Chr.	Östliche Han-Dynastie
ca. 50 n. Chr.	Kompilation des *Periplus Maris Erythraei*
ca. 129–152 n. Chr.	Kanischka fördert den Buddhismus im Kuschan-Gebiet
ca. 166 n. Chr.	Erster direkter Kontakt zwischen Rom und China
224 n. Chr.	Ardashir gründet das persische Reich der Sasaniden
266–280 n. Chr.	Die Jin-Dynastie vereinigt China
274 n. Chr.	Tod des Mani
284–305 n. Chr.	Herrschaft des Diokletian

Weiterführende Literatur

Allgemeine Werke

Bang, Peter Fibiger / Scheidel, Walter (Hgg.). The Oxford Handbook of the State in the Ancient Near East and Mediterranean. Oxford: Oxford University Press, 2013.

Beckwith, Christopher I. Empires of the Silk Road: A History of Central Eurasia from the Bronze Age to the Present. Princeton, NJ: Princeton University Press, 2009.

Bellah, Robert N. / Joas, Hans (Hgg.). The Axial Age and its Consequences. Cambridge, MA: Harvard University Press, 2012.

Benjamin, Craig (Hg.). The Cambridge World History. Bd. 4. A World with States, Empires, and Networks, 1200 BCE–900 CE. Cambridge: Cambridge University Press, 2015.

Carpenter, Rhys. Discontinuity in Greek Civilization. Cambridge: Cambridge University Press, 1968.

Cunliffe, Barry. 10 000 Jahre. Geburt und Geschichte Eurasiens. Darmstadt: Theiss, 2016.

Cunliffe, Barry. Europe between the Oceans: 9000 BC–AD 1000. New Haven, CT: Yale University Press, 2008.

Daryaee, Touraj (Hg.). The Oxford Handbook of Iranian History. Oxford: Oxford University Press, 2012.

Fernández-Armesto, Felipe. Pathfinders: A Global History of Exploration. New York: W. W. Norton, 2006.

Johnston, Sarah Iles (Hg.). Ancient Religions. Cambridge, MA: Harvard University Press, 2004.

Li, Feng. Early China: A Social and Cultural History. Cambridge: Cambridge University Press, 2013.

Price, Simon / Thonemann, Peter. The Birth of Classical Europe: A History from Troy to Augustine. New York: Viking, 2011.

Talbert, Richard J. A (Hg.). Barrington Atlas of the Greek and Roman World. Princeton, NJ: Princeton University Press, 2000.

Thapar, Romila. Early India: From the Origins to AD 1300. Berkeley: University of California Press, 2004.

1 Die neue Welt des frühen 1. Jahrtausends v. Chr.

Cline, Eric H. 1177 v. Chr.: Der erste Untergang der Zivilisation. Darmstadt: Theiss, 2015.

Dodson, Aidan. Afterglow of Empire: Egypt from the Fall of the New Kingdom to the Saite Renaissance. Cairo: American University in Cairo Press, 2012.

Drews, Robert. The End of the Bronze Age: Changes in Warfare and the Catastrophe ca. 1200 B.C. Princeton, NJ: Princeton University Press, 1993.

Liverani, Mario. Israel's History and the History of Israel. London: Equinox, 2005.

Lowe, Michael / Shaughnessy, Edward L. (Hgg.). The Cambridge History of Ancient China: From the Origins of Civilization to 221 B.C. Cambridge: Cambridge University Press, 1999.

Sandars, Nancy K. The Sea Peoples: Warriors of the Ancient Mediterranean. 2. Aufl. London: Thames and Hudson, 1985.

Thomas, Carol G. / Conant, Craig. Citadel to City-State: The Transformation of Greece, 1200–700 B.C.E. Bloomington: Indiana University Press, 1999.

Welsby, Derek A. The Kingdom of Kush: The Napatan and Meroitic Empires. London: British Museum Press, 1996.

2 Die frühe Eisenzeit

Aubet, Maria Eugenia. The Phoenicians and the West: Politics, Colonies, and Trade. 2. Aufl. Cambridge: Cambridge University Press, 2001.

Basham, Arthur L. The Wonder that was India: A Survey of the Culture of the Indian Sub-Continent before the Coming of the Muslims. New York: Macmillan, 1954 (Deutsche Kurzfassung: Märchenhaftes Indien. Stuttgart u. a.: Reader's Digest, 2004).

Boardman, John. Kolonien und Handel der Griechen. München: Beck, 1981.

Bottéro, Jean / Herrenschmidt, Clarisse / Vernant, Jean-Pierre. L'Orient ancient et nous: l'écriture, la raison, les dieux. Paris: Michel, 1997.

Bryce, Trevor. The World of the Neo-Hittite Kingdoms: A Political and Military History. Oxford: Oxford University Press, 2012.

Burkert, Walter. Die orientalisierende Epoche in der griechischen Religion und Literatur. Heidelberg: Winter, 1984.

Oates, Joan. Babylon. Stadt und Reich im Brennpunkt des Alten Orient. Bergisch Gladbach: Lübbe, 1983.

Saggs, Harry W. F. The Might that Was Assyria. London: Sidgwick & Jackson, 1984.

Shapiro, H. Alan (Hg.). The Cambridge Companion to Archaic Greece. Cambridge: Cambridge University Press, 2007.

3 Ost trifft West: Der Aufstieg von Persien

Barker, Graeme / Rasmussen, Tom. The Etruscans. Oxford: Blackwell, 1998.
Brett, Michael / Fentress, Elizabeth. The Berbers. Oxford: Blackwell, 1996.
Briant, Pierre. Histoire de l'Empire Perse. Paris: Fayard, 1996.
Davies, John K. Das klassische Griechenland und die Demokratie. 5. Aufl. München: dtv, 1996.
Drews, Robert. Early Riders. The Beginnings of Mounted Warfare in Asia and Europe. New York: Routledge, 2004.
Feldherr, Andrew / Hardy, Grant (Hgg.). The Oxford History of Historical Writing. Bd. 1. Beginnings to AD 600. Oxford: Oxford University Press, 2011.
Lancel, Serge. Carthage. Paris: Fayard, 1992.
Lloyd, Geoffrey E. R. The Ambitions of Curiosity: Understanding the World in Ancient Greece and China. Cambridge: Cambridge University Press, 2002.
Osborne, Robin (Hg.). Classical Greece: 500–323 BC. Oxford: Oxford University Press, 2000.
Rolle, Renate. Die Welt der Skythen. Luzern und Frankfurt am Main: Bucher, 1980.
Rudenko, Sergei I. Frozen Tombs of Siberia. Berkeley: University of California Press, 1970.
Sedlar, Jean W. India and the Greek World: A Study in the Transmission of Culture. Totowa, NJ: Rowman and Littlefield, 1980.
Wells, Peter S. Farms, Villages, and Cities: Commerce and Urban Origins in Late Prehistoric Europe. Ithaca, NY: Cornell University Press, 1984.

4 Die neue Welt der makedonischen Königreiche

Benjamin, Craig G. R. The Yuezhi: Origin, Migration and the Conquest of Northern Bactria. Turnhout: Brepols, 2007.
Briant, Pierre. Alexander, Eroberer der Welt. Ravensburg: Maier, 1990.
Bugh, Glenn R. (Hg.). The Cambridge Companion to the Hellenistic World. Cambridge: Cambridge University Press, 2006.
Cosmo, Nicola Di. Ancient China: The Rise of Nomadic Power in East Asian History. Cambridge: Cambridge University Press, 2002.
Cunliffe, Barry. The Extraordinary Voyage of Pytheas the Greek: The Man who Discovered Britain. London: Penguin Press, 2001.
Harris, William V. War and Imperialism in Republican Rome: 327–70 B.C. Oxford: Clarendon Press, 1979.
Kosmin, Paul J. The Land of the Elephant Kings: Space, Territory, and Ideology in the Seleucid Empire. Cambridge, MA: Harvard University Press, 2014.

Lewis, Naphtali. Greeks in Ptolemaic Egypt. Oxford: Clarendon Press, 1986.
Manning, J. G. The Last Pharaohs: Egypt under the Ptolemies, 305–30 BC. Princeton, NJ: Princeton University Press, 2010.
Salmons II., Loren J. (Hg.). The Cambridge Companion to the Age of Pericles. Cambridge: Cambridge University Press, 2007.
Sherwin-White, Susan / Kuhrt, Amélie. From Samarkhand to Sardis: A New Approach to the Seleucid Empire. London: Duckworth, 1993.
Thapar, Romila. Aśoka and the Decline of the Mauryas. 2. Aufl. New Delhi: Oxford University Press, 1997.
Tritle, Lawrence A. (Hg.). The Greek World in the Fourth Century: From the Fall of the Athenian Empire to the Successors of Alexander. London: Routledge, 1997.
Woolf, Greg. Rom. Die Biographie eines Weltreichs. Stuttgart: Klett-Cotta, 2015.

5 Der Aufstieg der Peripherien: Rom und China

Barclay, John M. G. Jews in the Mediterranean Diaspora: From Alexander to Trajan (323 BCE–117 CE). Berkeley: University of California Press, 1996.
Bickerman, Elias. From Ezra to the Last of the Maccabees: Foundations of Post-biblical Judaism. New York: Schocken, 1962.
Freeman, Philip. The Philosopher and the Druids: A Journey among the Ancient Celts. New York: Simon and Schuster, 2006.
Grajetski, Wolfram. Greeks and Parthians in Mesopotamia and Beyond: 331 BC–224 AD. London: Bristol Classical Press, 2011.
Gruen, Erich S. Culture and National Identity in Republican Rome. Ithaca, NY: Cornell University Press, 1992.
Lewis, Mark Edward. The Early Chinese Empires: Qin and Han. Cambridge, MA: Harvard University Press, 2007.
Mairs, Rachel. The Hellenistic Far East: Archaeology, Language, and Identity in Greek Central Asia. Berkeley: University of California Press, 2014.
Rajak, Tessa. Translation and Survival: The Greek Bible of the Ancient Jewish Diaspora. Oxford: Oxford University Press, 2009.
Thapar, Romila. Early India: From the Origins to AD 1300. Berkeley: University of California Press, 2002.
Waterfield, Robin. Taken at the Flood: The Roman Conquest of Greece. Oxford: Oxford University Press, 2014.

6 Eine neue Ordnung in Afro-Eurasien

Auyang, Sunny Y. The Dragon and the Eagle: The Rise and Fall of the Chinese and Roman Empires. Armonk, NY: M. E. Sharpe, 2014.

Bispham, Edward (Hg.). Roman Europe. Oxford: Oxford University Press, 2008.

Burstein, Stanley M. The Reign of Cleopatra. Norman: University of Oklahoma Press, 2007.

Kim, Hyun Jin. Ethnicity and Foreigners in Ancient Greece and China. London: Duckworth, 2009.

Knapp, Robert. Invisible Romans. Berkeley: University of California Press, 2011.

Loewe, Michael. The Government of the Qin and Han Empires: 221 BCE–220 CE. Indianapolis: Hackett, 2006.

Millar, Fergus. The Roman Near East: 31 BC–AD 337. Cambridge, MA: Harvard University Press, 1993.

Millward, James A. The Silk Road: A Very Short Introduction. Oxford: Oxford University Press, 2013.

Parker, Grant. The Making of Roman India. Cambridge: Cambridge University Press, 2008.

Robinson, Richard H. / Johnson, Willard L. The Buddhist Religion: A Historical Introduction. 4. Aufl. Belmont, CA: Wadsworth, 1997.

Syme, Ronald. Die römische Revolution. Neuausgabe Stuttgart: Klett-Cotta, 2018.

Wells, Peter S. Die Barbaren sprechen. Kelten, Germanen und das römische Europa. Stuttgart: Theiss, 2007.

Woolf, Greg. Becoming Roman: The Origins of Provincial Civilization in Gaul. Cambridge: Cambridge University Press, 1998.

7 Krise und Erholung

Daryaee, Touraj. Sasanian Persia: The Rise and Fall of an Empire. London: I. B. Tauris, 2010.

Ehret, Christopher. An African Classical Age: Eastern and Southern Africa in World History, 1000 B.C. to A.D. 400. Charlottesville: University Press of Virginia, 1998.

Groom, Nigel. Frankincense and Myrrh: A Study of the Arabian Incense Trade. London: Longman, 1981.

Hansen, Valerie. The Silk Road: A New History. New York: Oxford University Press, 2012.

Heather, Peter. Invasion der Barbaren. Die Entstehung Europas im 1. Jahrtausend nach Christus. Suttgart: Klett-Cotta, 2011.

Lewis, Mark Edward. China between Empires: The Northern and Southern Dynasties. Cambridge, MA: Harvard University Press, 2009.
Liu, Xinru. Ancient India and Ancient China: Trade and Religious Exchanges AD 1– 600. New Delhi: Oxford University Press, 1988.
MacMullen, Ramsay. Christianizing the Roman Empire (A.D. 100–400). New Haven, CT: Yale University Press, 1984.
McLaughlin, Raoul. The Roman Empire and the Indian Ocean: The World Economy and the Kingdoms of Africa, Arabia and India. Barnsley, UK: Pen and Sword, 2014.
Magnavita, Sonja. Sahelian Crossroads: Some Aspects on the Iron Age Sites of Kissi, Burkina Faso, in: Magnavita, Sonja u. a. (Hgg.). Crossroads / Carrefour Sahel: Cultural and Technological Developments in First Millennium BC/ AD West Africa. Frankfurt am Main: Africa Magna Verlag, 2009, 79–104.
Potter, David S. The Roman Empire at Bay: AD 180–395. London: Routledge, 2004.
Salisbury, Joyce E. Perpetua's Passion: The Death and Memory of a Young Roman Woman. London: Routledge, 1997.
Whittaker, Charles R. Rome and its Frontiers: The Dynamics of Empire. London: Routledge, 2004.
Wright, Arthur F. Buddhism in Chinese History. Stanford, CA: Stanford University Press, 1971.

Übersetzungen der Quellenzitate

Altes Testament (1. Könige, Jesaja, Ezechiel / Hesekiel, Nahum): Die Bibel nach Martin Luthers Übersetzung (Lutherbibel revidiert 2017). Stuttgart: Deutsche Bibelgesellschaft, 2017.
Bierl, Anton. Sappho: Lieder, griech.-dt. Stuttgart: Reclam, 2021.
Blumenthal, Elke. Altägyptische Reiseerzählungen. Leipzig: Reclam, 1984.
Borger, Riekele. Die Inschriften Asarhaddons, Königs von Assyrien. Graz: Selbstverlag 1956.
Bringmann, Klaus / Wiegandt, Dirk. Augustus: Schriften, Reden und Aussprüche. Darmstadt: wbg 2008.
Brodersen, Kai. Plinius Secundus d. Ä.: Naturkunde Buch VI: Geographie, lat.-dt. Zürich: Artemis 1996.
Brodersen, Kai. Periplus Maris Erythraei, griech.-dt. (Opuscula 3). Speyer: KDV, 2021.

Brodersen, Kai / Ley-Hutton, Christine. Herodot: Historien, dt. Stuttgart: Reclam, 2019.
Campbell Thompson, Reginald. The Prisms of Asarhaddon and Ashurbanipal found at Nineveh, 1927–8. London: British Museum, 1931.
Chaniotis, Angelos u. a. Supplementum Epigraphicum Graecum. Bd. 54. Leiden: Brill 2004.
Drexler, Hans. Polybios: Geschichte, dt. 2 Bde., Zürich und Stuttgart: Artemis, 1961–1963 (Bd. 1 in 2. Aufl. 1978).
Durrant, Stephen u. a. The Letter to Ren-an and Sima Qian's Legacy. Washington: University of Washington Press, 2016.
Eigler, Gunther u. a. Platon: Werke in 8 Bänden, griech.-dt., Übertragungen von Friedrich Schleiermacher, Hieronymus Müller u. a. Darmstadt: wbg 1977 (8. Aufl. 2019).
Feger, Robert. Tacitus: Agricola. Neuausgabe Stuttgart: Reclam, 2017.
Fuhrmann, Manfred. Tacitus: Germania. Neuausgabe Stuttgart: Reclam 2016.
Gardner, Ian. The Kephalaia of the Teacher: The Edited Coptic Manichaean Texts in Translation with Commentary. Leiden: Brill, 1995.
Geldner, Karl Friedrich. Der Rig-Veda, Bd. 3. Neunter bis zehnter Liederkreis, Cambridge, Mass.: Harvard University Press u. a., 1951.
Grayson, A. Kirk / Redford, Donald B. (Hgg.). Papyrus and Tablet. Englewood Cliffs, NJ: Prentice-Hall, 1973.
Hallof, Luise / Hallof, Klaus. Hesiod: Werke in einem Band, dt. Berlin und Weimar: Aufbau, 1994.
Hansen, Valerie. The Open Empire: A History of China to 1600. New York: W. W. Norton, 2000.
Hengstl, Joachim u. a. Griechische Papyri aus Ägypten als Zeugnisse des öffentlichen und privaten Lebens. München: Heimeran, 1978.
Hill, John E. Through the Jade Gate to Rome: A Study of the Silk Routes during the Later Han Dynasty 1st to 2nd Centuries. 2. Aufl. 2 Bde. Ohne Ort: Selbstverlag, 2015.
Holzberg, Niklas. Horaz: Sämtliche Werke, lat.-dt. Berlin: De Gruyter, 2018.
Holzberg, Niklas. Vergil: Aeneis, lat.-dt. Berlin: De Gruyter, 2015.
Hsu, Cho-yun. The Spring and Autumn Period, in: Loewe, Michael / Shaughnessy, Edward L. (Hgg.). The Cambridge History of Ancient China: From the Origins of Civilization to 221 B.C. Cambridge: Cambridge University Press, 1999.
Jayaswal, Kashi Prasad / Banerji, Rakhal Das. The Hathigumpha Inscription of Kharevela, in: Epigraphica Indica 20, 1929 / 30, 86–89.
Kalinke, Viktor. Zhuangzi. Das Buch der daoistischen Weisheit. Gesamttext. Stuttgart: Reclam, 2019.

Keightley, David N. A Late Shang Divination Record, in: Mair, Victor H. (Hg.). The Shorter Columbia Anthology of Traditional Chinese Literature. New York: Columbia University Press, 2000, 3–4 Nr. 1.

Krapinger, Gernot. Marc Aurel: Selbstbetrachtungen, lat.-dt. Stuttgart: Reclam, 2019.

Landsberger, Benno. Die babylonische Theodizee, in: Zeitschrift für Assyriologie und verwandte Gebiete 43, 1936, 32–76.

Ley-Hutton, Christine / Brodersen, Kai. Isokrates: Sämtliche Werke, dt. 2 Bde. Stuttgart-Bad Cannstatt: Hiersemann, 1993–1997.

Lorenz, Sven. Juvenal: Satiren, lat.-dt. Berlin: De Gruyter, 2017.

MacGregor, Neil. Eine Geschichte der Welt in 100 Objekten. München: Beck, 2011.

Magnavita, Sonja u. a. (Hgg.). Crossroads / Carrefour Sahel: Cultural and Technological Developments in First Millennium BC/AD West Africa. Frankfurt am Main: Africa Magna Verlag, 2009.

Martin, Thomas R. Herodotus and Sima Qian: The First Great Historians of Greece and China. Boston: Bedford / St. Martin's, 2010.

Meyer, Ernst / Eckstein, Felix. Pausanias: Reisen in Griechenland, dt. 3. Ausgabe, 3 Bde. Zürich und München: Artemis & Winkler, 1986–1989.

Michaels, Axel. Manusmrti. Manus Gesetzbuch. Berlin: Verlag der Weltreligionen, 2010.

Moers, Gerald. Die Reiseerzählung des Wenamun, in: Texte aus der Umwelt des Alten Testaments. Bd. 3, Lieferung 5. Gütersloh: Gütersloher Verlagshaus, 1995, 912–921.

Noort, Edward. Die Seevölker in Palästina. Kampen: Kok 1994.

Nyanatiloka (Gueth, Anton) / Nyanaponika (Feniger, Siegmund). Milindapanha. Die Fragen des Königs Milinda. Interlaken: Ansata, 1985.

Olivelle, Patrick. King, Governance, and Law in Ancient India: Kautilya's Arthasastra. Oxford: Oxford University Press, 2013.

Parpola, Simo (Hg.). Letters from Assyrian and Babylonian Scholars (State Archives of Assyria 10). Helsinki: Helsinki University Press, 1993.

Rajan, Chandra. Visnu Śarma, The Panćatantra. Harmondsworth: Penguin, 1995.

Rauschen, Gerhard. Die Akten der Hl. Perpetua und Felizitas, dt., in: Frühchristliche Apologeten und Märtyrerakten. Bd. 2. Kempten und München: Kösel, 1913.

Schmidt, Carl. Kephalaia, 1. Hälfte (Manichäische Handschriften der staatlichen Museen Berlins 1). Stuttgart: Kohlhammer, 1940.

Schmitt, Rüdiger. Die altpersischen Inschriften der Achaimeniden. Editio minor mit deutscher Übersetzung. Wiesbaden: Reichert, 2009.

Schneider, Ulrich. Die großen Felsen-Edikte Aśokas (Freiburger Beiträge zur Indologie 11). Kritische Ausgabe, Übersetzung und Analyse der Texte. Wiesbaden: Harrassowitz, 1978.

Städele, Alfons. Laktanz: Die Todesarten der Verfolger, lat.-dt. Turnhout: Brepols, 2003.

Städele, Alfons. Tacitus: Annalen, lat.-dt. 3 Bde. Darmstadt: wbg 2011.

Thomann, Theodor. Seneca: Sämtliche Tragödien, lat.-dt. Bd. 1. Zürich und Stuttgart: Artemis, 1961.

Veh, Otto. Cassius Dio: Römische Geschichte, dt. 5 Bde. Zürich: Artemis, 1985–1987.

Veh, Otto u. a. Diodor: Griechische Weltgeschichte, dt. 10 Bde. Stuttgart-Bad Cannstatt: Hiersemann, 1992-2008.

Walter, Michael. Gibbon: Verfall und Untergang des römischen Imperiums, dt. Bd. 1. München: dtv, 2003.

Wang, Robin R. (Hg.). Images of Women in Chinese Thought and Culture: Writings from the Pre-Qin Period through the Song Dynasty. Indianapolis: Hackett, 2003 (Ban Zhao und Hanfeizei übersetzt vom Herausgeber, Liu Liqing von Richard Mather).

Watson, Burton. Records of the Historian. Chapters from the Shih chi of Ssu-ma Ch'ien. New York: Columbia University Press, 1969.

Weber, Gregor. Ps.-Xenophon: Die Verfassung der Athener, griech.-dt. Darmstadt: wbg, 2010.

Weißenberger, Michael. Thukydides: Der Peloponnesische Krieg, griech.-dt. Berlin: De Gruyter, 2017.

Winckler, Hugo. Die Keilschrifttexte Sargons, Bd. 1. Leipzig: Pfeiffer, 1889.

Frei zugängliche Internet-Ressourcen

ABZU
www.etana.org/abzubib
Ein Portal, das wichtige Websites und Datenbanken nennt, die sich mit der Geschichte und Kultur des antiken Nahen Ostens und des antiken Mittelmeerraums beschäftigen.

Ancient Greece
www.ancient-greece.org
Ein Portal mit Links zu zahlreichen Websites, die sich mit der griechischen Zivilisation beschäftigen, insbesondere mit Archäologie, Kunst und Museen.

Ancient India
www.ancientindia.co.uk
Eine breit angelegte Einführung in die Geschichte und Zivilisation des alten Indiens, illustriert durch relevante Objekte aus den umfangreichen indischen Sammlungen des Britischen Museums.

Ancient World Mapping Center
https://awmc.unc.edu
Die Website der wichtigsten Forschungseinrichtung in den Vereinigten Staaten für das Studium der antiken Geographie und Kartographie. Zusätzlich zu Informationen über das Zentrum enthält die Seite Links zu herunterladbaren Karten und anderen Ressourcen zum Studium der griechischen und römischen Welt und ihrer Nachbarn.

Asia for Educators
http://afe.easia.columbia.edu
Umfassende Website und Portal für den Unterricht zur asiatischen Zivilisation. Zahlreiche Links zu Museumsseiten, die sich mit asiatischer Religion und Kunst beschäftigen.

Digital Egypt for Universities
www.ucl.ac.uk/museums-static/digitalegypt
Umfassende Ressource für das Studium und die Lehre der Geschichte Ägyptens und Nubiens von der Vorgeschichte bis 1000 n. Chr.

Digitales Forum Romanum
www.digitales-forum-romanum.de
Eine digitale Rekonstruktion des Forum Romanum und seiner Zustände im Lauf der Antike.

Diotima
https://diotima-doctafemina.org/
Ein Portal mit einer umfassenden Sammlung von Links zu Websites, übersetzten Dokumenten und Artikeln, die sich mit allen Aspekten des Lebens von Frauen im antiken Griechenland und Rom beschäftigen.

Electronic Resources for Classicists
www.tlg.uci.edu/index/resources.html
Ein Portal mit Links zu einer umfangreichen Auswahl an Online-Ressourcen für Forschung und Lehre, einschließlich Datenbanken, Bibliographien, elektronische Zeitschriften und Lehrmaterialien.

Indian Ocean in World History
www.indianoceanhistory.org
Eine Website, welche die Geschichte des Indischen Ozeans von der Vorgeschichte bis zur Gegenwart behandelt. Sie ist um eine chronologische Reihe von interaktiven Karten herum aufgebaut, die das Studium der wirtschaftlichen und kulturellen Interaktionen in der Region ermöglichen.

Lacus Curtius
https://penelope.uchicago.edu/thayer/e/home.html
Eine Website, die der römischen Zivilisation gewidmet ist. Sie enthält eine umfangreiche Auswahl relevanter griechischer und lateinischer Texte sowohl in den Originalsprachen als auch in Übersetzungen und öffentlich zugänglichen Nachschlagewerken.

Orbis: The Stanford Geospatial Model of the Roman World
https://orbis.stanford.edu
Eine Website, die um eine interaktive digitale Karte der römischen Welt herum aufgebaut ist, die es Forschern ermöglicht, die Verkehrswege zu untersuchen, indem sie Entfernungen und Reisezeiten zwischen verschiedenen Orten innerhalb des Römischen Reiches berechnet.

Perseus Digital Library
www.perseus.tufts.edu
Die umfangreichste Online-Ressource für das Studium des antiken Griechenlands und Roms. Die Seite enthält die meiste erhaltene griechische und lateinische Literatur sowohl in den Originalsprachen als

auch in Übersetzungen zusammen mit Grammatiken, Wörterbüchern und relevanten Nachschlagewerken.

Propylaeum
www.propylaeum.de
Ein von der Universitätsbibliothek Heidelberg und der Bayerischen Staatsbibliothek München betriebener Fachinformationsdienst für die Altertumswissenschaften.

UCLA Encyclopedia of Egyptology
www.uee.ucla.edu
Online-Enzyklopädie, die sich mit allen Aspekten der altägyptischen Geschichte und Zivilisation beschäftigt.

A Visual Sourcebook of Chinese Civilization
https://depts.washington.edu/chinaciv/
Umfangreiche, chronologisch geordnete Website, die wichtige Themen der chinesischen Zivilisation behandelt, einschließlich Religion, Technologie und materielle Kultur von der Vorgeschichte bis zur Gegenwart.

Nachweise

Die Seiten 169–174 dieses Buches gehen mit Genehmigung des Verlags zurück auf Burstein, Stanley M. Africa. States, Empires, and Connections, in: Benjamin, Craig (Hg.). The Cambridge World History. Bd. 4. Cambridge: Cambridge University Press, 2015, 646–656.

Abbildungen: Abb. 1–9, 11–15 und 17–20 AKG images, Abb. 10 Wikimedia, Abb. 16 © The Trustees of the British Museum mit freundlicher Genehmigung.

Register